新版

有利な心証を勝ち取る

# 民事訴訟遂行

弁護士法人
北浜法律事務所 [編]

清文社

# は じ め に

　司法制度改革により多くの弁護士が輩出されている昨今、そのうちの一定数は、法律事務所への就職すら叶わず、司法修習終了後に即独立を強いられているような現状であることは周知のとおりです。そういった弁護士にとっては、自分で案件を取ってくることすら困難を伴うため、訴訟を経験する機会が絶対的に少なく、また、周囲に常に相談できる先輩弁護士がいるとも限らないため、訴訟技術の研鑽を、熟練した先輩弁護士と相談しながら実務で図っていくことには、相当な困難が伴う状況といえます。

　かかる状況下、若手弁護士の訴訟技術の向上の一助を目的として平成26年に「有利な心証を勝ち取る民事訴訟遂行」が出版されました。本書はその実践編をリニューアルした改訂版となります。

　訴訟には、いわゆる「勝ち筋」「負け筋」の事件がありますが、その中間にあたる、有利な事実と不利な事実が同程度に混在している事件や、手持ちの証拠が少ない事件等では、供述証拠の扱い方、準備書面の書き方、証拠提出のタイミング、尋問手法の工夫等、一定の共通した訴訟遂行方針、方法論、攻め方、守り方、発想の転換を駆使することによって、「勝ち」に持っていくことのできる場合が少なからずあります。

　そこで、裁判所がいかなる視点、基準で、どのような事情等を考慮して供述証拠の信用性を判断しているのかにつき、豊富な裁判例の分析結果とともに紹介し、そこから導かれるポイント・アドバイスを、本書でも引き続きまとめています。次に、依頼者の記憶違いや思い込み、記憶の変容、誇張、混同等を意識しつつ、これら歪みを可及的に是正することができるような依頼者からのヒアリング方法を紹介しています。また、実践編では

架空の３つの事案をもとに、実務経験１年未満の弁護士が一定の資料を検討した上で準備書面等を作成し、それに対して筆者がコメントを行うという、書籍上でのオン・ザ・ジョブ・トレーニングを再現することで、本書でのポイント・留意点をどのような場面でいかに活用していくのかを具体的に指摘・解説しています。

　本書が、若手弁護士の訴訟技術向上に限らず、ベテラン弁護士にとっても新たな発見の手懸かりとなれること、ひいては、適切かつ迅速な民事裁判の実現に少しでも寄与できることを願ってやみません。

　最後に、本書の執筆に当たり、懇切丁寧にご指導いただいた清文社編集部の對馬氏には心から感謝申し上げます。


　令和２年２月

執筆者一同

# 目　次

## 第 1 章　供述の信用性

## 第 2 章　打合せ時での留意点

## 第 3 章　訴訟提起前のチェックポイント

## 第 4 章　実践編

判決文等の引用については、省略している部分があります。
また、判決文中に登場する個人名・団体名等については、アルファベット表記に変更しています。

# 第 1 章

供述の信用性

# 供述を裏付けとする争点

　事実認定を要する争点が供述証拠以外の直接証拠や間接証拠によってすべて裏付けられ、当事者の意図や認識もそれら証拠内容とおよそ一致するのであれば、訴訟での事実認定の成否が弁護士の力量に左右されることはほとんどありません。

　もっとも、訴訟にまで発展する紛争であれば、そのような案件はごく稀で、多かれ少なかれ、供述証拠以外の直接証拠や間接証拠だけでは立証できない争点を含む案件がほとんどといえます。

　そのため、供述証拠の取扱いは、多くの場合、裁判の勝敗を決する重要な要素の１つということができます。

**POINT**
多くの訴訟において供述証拠の取扱いが勝敗に大きな影響を与える！

　ところが、供述内容が録音等されておらず、目撃者もいないような状況では、いかなる供述がなされたのかについては当事者の記憶に頼らざるを得ず、過去の供述内容を一言一句、正確に再現することなどおよそ不可能です。比較的詳細に記憶しているような場合であっても、願望、期待、興味、知識、信念などの影響を受け、記憶が無意識に変容していることもあります。

　記憶の全部または一部が曖昧な場合に、概要のみを主張し、具体的根拠なく相手方の主張を否認するだけでは説得力に欠け、信用性の判断に影響を与えてしまいます。詳細に記憶しているような場合であっても、供述内容の精査を経ない状態で漫然と主張してしまっては、その後、非整合性や矛盾点が浮き彫りとなってしまった場合に、問題となる供述内容の信用性のみならず、主張全体の信用性をも毀損してしまうおそれがあります。

　そのため、多くの案件において、供述内容の信用性を精査、分析、検討していく作業は、弁護士にとって非常に重要なプロセスといえます。

**POINT**

供述証拠をいかに取り扱うかが弁護士の腕の見せ所！

# 裁判官はどこをみているのか

　供述内容を精査、分析、検討するに当たり、最初に行うことは依頼者から事情を聞くことですが、事実認定を行う裁判官が、いかなる視点、基準で、どのような事情等を考慮して供述の信用性を判断しているのかを意識しつつ打合せを行うことが、最も依頼者の利益となることはいうまでもありません。最終判断権者である裁判官が供述証拠を評価するに当たって採用する判断基準や事情等を考慮しないまま、闇雲に依頼者のいうままに主張するだけでは、弁護士の不手際やミスで依頼者が敗訴してしまう結果を招きかねません。

　説明義務違反、断定的判断の提供、詐欺、セクハラ、密室での暴行等の案件は、録音等がなされていない限り、争点の立証が当事者の供述証拠に大きく依拠せざるを得ない、非常に主張・立証が困難な案件の代表例といえますが、以下、これらが争点となった裁判例を中心に、裁判官が供述の信用性を判断するに当たって、いかなる判断基準を用いた上で、いかなる状況、事情等を考慮しているかにつき、検討、紹介していきます。これから紹介する判断基準等は、供述証拠以外の直接証拠や間接証拠だけでは立証が困難な、その他すべての案件にもそのまま妥当、または応用することが可能です。

　判断基準は大きく分けて

①　供述内容・態度等に着目した分析

②　客観的状況・証拠との符合・矛盾

③　経験則との照らし合わせ

に分けることができます。

# 民事訴訟における証明度

　民事裁判での証明の程度については、判例上、高度の蓋然性の証明、すなわち通常人が疑いを差し挟まない程度の真実性の確信が必要とされています（高度の蓋然性説・最判昭和 50 年 10 月 24 日、最判平成 12 年 7 月 18 日）。

　もっとも、高度の蓋然性説の多くの論者（たとえば、加藤新太郎『手続裁量論』弘文堂、1996 年、159 頁）、及び裁判例の一部（仙台高判秋田支部平成 10 年 12 月 10 日）でも、証明困難な事案で証明度を軽減する例外を認めています。そのため、争点の立証が供述証拠に大きく依拠せざるを得ない、主張・立証が困難な案件については、他に供述内容を明らかにするような証拠等がない限り、相対立する供述のうち、より信用できるとされる供述が採用されることもあり（証拠の優越）、事実上、証拠の優越によって判断していると見られる裁判例も存在します。

　この点、刑事裁判において、犯罪構成要件事実の存在を裏付ける客観的で決定的な証拠が存在しないため被害者の供述の信用性が最大、唯一の決め手となる場合に、当該供述の信用性判断の結果なされる犯罪事実に関する証明は、依然として合理的な疑いを超えるものでなければならないとされるのと、大きく異なります。

**POINT**

争点の立証が供述証拠に大きく依拠せざるを得ない案件で、相対立する両当事者の供述内容が食い違う場合、他に供述内容を明らかにするような証拠等がなければ、いずれの供述がより信用できるか、という相対的判断が行われることもある！

## ② 一部の供述の信用性が有する影響力

　また、一般的に供述証拠は、その供述者が体験した事象についての認識の程度、記銘力の強弱、記憶の劣化・混乱・欠落、勘違い等のほか、その事実を正直に供述することを不都合とする事情の存在等によって供述部分ごとにその信用性に差異が生じます。そのため、本来、一部の供述の信用性の優劣だけで、その供述者の他の供述の信用性まで推し量ることは妥当とはいえません。

　しかしながら、実際には、一部の供述の信用性が毀損された場合には、それが争点と密接に関連する重要な事実に関するものであれば特に、他の供述の信用性にまでマイナスの影響を与える結果、供述全体の信用性に疑義をもたれてしまう危険性があります。

**POINT**

供述の一部の信用性が減殺されると、ドミノ倒しのように、他の供述の信用性まで失われてしまう危険性がある！

　一旦、ドミノ倒しのように供述全体の信用性に疑義をもたれてしまった場合には、たとえ相手方の供述の信用性にいくつかの疑義が認められるような場合でも、それらが致命的なものでない限り、倒れた勢いをとめるこ

とは困難で、相手方有利に供述全体の信用性が判断されやすくなる傾向にあります。

　以上を前提に、以下、個別に判断基準の内容を紹介、検討していきますが、信用性を減殺する事情が1つでも存在すればそれだけで供述の信用性が否定されるのではなく、他の信用性を減殺する事情の存在・程度、相手方の供述の信用性、当該供述の争点での位置づけ、その他全体的な心証の中で総合的に判断されることとなります。

# III

## 供述内容・態度等に着目した分析

### 供述の変遷（原則）

　訴訟に至るまでの当事者間での言い分、代理人が就いた上での交渉過程、訴訟提起後の主張及び反論内容、陳述書での記載内容、主尋問、反対尋問、補充尋問等のいずれかにおいて、供述内容が途中で変遷することは、原則として、それ自体で、信用性を毀損してしまう大きな要因となります。

　たとえば、目撃者のいない状況での暴行の態様が争点となった名古屋地裁平成15年5月30日判決では、当初、被害者は胸倉をつかまれたといっていたにもかかわらず、その後、首をつかまれたと申告したこと、警察署での取調べ時には暴行の時間は1分間弱といっていたにもかかわらず、検察庁での取調べの際には数秒程度と訂正していること、加害者がつかんだ部位につき、当初は左肩の下辺りと供述したのが、その後手首の少し上辺りをつかまれたと改めたこと等、被害者の供述が変遷していることを捉え、「変遷も激しく、真に自己の記憶に従って供述しているかは多大な疑問がある」として、暴行の態様に関し被害者の供述ではなく、加害者の供述が採用される結果となっています。

> **POINT**
> 　供述内容が途中で変遷することは、原則として、それ自体で信用性が減殺されてしまう大きな要因となる！

# 2　供述の変遷（例外）

　ただし、供述の変遷がみられる場合であっても、以下のような場合には、必ずしもその信用性に重大な影響を及ぼすとはいえません。

## 1. 抽象的で簡単な内容から具体的で詳細な内容へと変遷する場合

　たとえば、セクハラの被害者が事件直後に、友人等に話していた内容や大学関係者らに宛てた手紙中の加害者の行為に関する記述の内容が抽象的な表現や簡単な表現にとどまっているのに対し、被害者作成の報告書や被害者本人尋問の結果の内容は、ある程度、具体的詳細な内容のものである場合、秋田地裁平成 9 年 1 月 28 日判決では、以下のように述べた上で、供述の信用性判断に重大な影響を及ぼさない旨判断しています。

「供述の変遷により供述内容の信用性が疑われるのは、詳細な内容の供述をしていながら、別な内容の詳細な供述に変遷しているときに、その変遷の理由に疑問が生じるからであり、抽象的簡単な内容のものと具体的詳細な内容のものとをいくら対比しても、供述の信用性にそれほど重大な影響を及ぼすとは考えられない。また、比較対照される両供述が詳細なものでなければ、見方の違いによってどのようにもいえるのであり（女性の場合には、第三者に対し、男女の間で実際にあったことをありのままに話せないこともあることを考慮する必要がある。）、供述の変遷があるか否かの判断も困難である。」

> **POINT**
> 　抽象的簡単な内容の供述から具体的詳細な内容への変遷は供述の信用性判断に重大な影響を及ぼさないこともある！

　詳細な内容の供述をしていながら、別の内容の詳細な供述に変遷するような場合であっても、その変遷に合理的理由が存在する場合には、必ずしも供述の信用性に影響を与えるとはいい切れません。しかしながら、ほとんどの場合、そのような変遷に合理的理由を見いだすことはできないため、供述の信用性評価に多大な影響を与えてしまうこととなります。

> **POINT**
>
> 　詳細な内容の供述をしていながら、別の内容の詳細な供述へと変遷する場合、信用性を大きく損ねてしまいやすい！

　なお、本件では、セクハラ被害という事案の性質上、セクハラに遭った女性が被害後に詳細に内容を話せないことも考慮された結果、当初、抽象的簡単な内容しか話していなかったこと自体については信用性の判断にマイナス評価を与えていません。しかしながら、事案によっては、当初、被害内容をある程度、具体的詳細に主張すべき機会があったにもかかわらず、抽象的な表現や簡単な表現にとどまっている場合には、別途、それ自体に関して供述内容の信用性が問題となります。つまり、後に詳細に主張できたのであれば、どうしてそれ以前のしかるべき場面で詳細に主張、反論しなかったのか、という問題意識です。

## 2. 通常、正確な記憶がないと考えられる事項に関する変遷

　供述に変遷が生じるものとしてよくある例は、当初の供述内容と矛盾する、または整合しない客観的証拠が相手方から提出されたことで、当初の供述内容を当該客観的証拠の内容と整合するように一部または全部、修正するような場合です。

　このような経緯をたどった場合には、単なる勘違いや記憶の薄れに基づくものと認められる場合を除き、原則として供述内容の信用性に大きな影響を与えることとなります。

　この点、証券会社の顧客が原告となり、証券会社の従業員から証券投資金名下に現金を騙し取られたとして、被告証券会社に損害賠償を求めた事案に関する大阪地裁平成14年3月28日判決においても、原告との間の現金受渡しの時期及び額に関する被告従業員の供述の変遷は、客観的な資料の裏付けのある原告の主張を徐々に認めるといった経過をたどっており、被告従業員の供述は信用性が低いと判断しています。

　ただし、上記経緯をたどる場合であっても、通常、正確な記憶がないと考えられる事項に関する変遷である場合には、特段、信用性に影響を与えることはありません。

　上記秋田地裁平成9年1月28日判決でも、通常、正確な記憶がないと考えられる紙片の名称や時刻に関し、以下のように述べた上で、供述の信用性に影響を与えない旨判示しています。

「また、被告の供述内容によれば、「予約金支払証」とは「宿泊確認書（お預かり証）」のことであると供述を変え、原告の部屋を訪れた時刻についても供述を変えていることが認められるが、前者は、預かり金がある場合に会計の際にフロントに提示するもの、後者は、チェックアウトの直前に原告の部屋を訪れたということでは一貫しているということができるうえ、紙片の名称や時刻は、正確な記憶がない方がむしろ通常であって、客観的な証拠が後になって出てくれば、これに沿って訂正されていくことは、何ら異とすることではないから、このことによって被告の供述の信用性を云々することはできない。」

　なお、供述の信用性を否定した上記大阪地裁平成14年3月28日判決との違いは、顧客である原告との間の現金受渡しの時期及び額という、通常、

正確な記憶があると考えられる、争点に密接に関連する重要な事項に関して変遷があったか否かという点にあると考えられます。

**POINT**

　通常、正確な記憶がないと考えられる事項に関する供述内容の変遷は信用性の判断に大きな影響を与えない！

## 3. 質問方法等による供述の変遷

　供述内容は、質問の仕方やその質問に対する回答の仕方によっても、その内容が異なってくる可能性があります。

　中学校教諭が教え子（当時13歳）の生徒に対し、同人の唇にキスをし、ウインドブレーカーの下を脱がせ、同人を短パンの状態にしたなどのセクハラ行為の有無が争点となった宮崎地裁平成22年2月5日判決では、以下の複数の点で生徒の供述に変遷がみられました。

① 　事件発生の約1か月後に学校主催の事実確認（本件事実確認）がなされた際には、キスされる前に加害者教諭から言葉をかけられたことはなかった旨供述していたところ、その後の人事委員会の証人尋問では、キスをされる前に「ファーストキスは誰としたい」などと尋ねられた旨供述していること。

② 　本件事実確認の際には、他の生徒と一緒にバトンを返してもらいに行くと、生徒玄関付近で加害者教諭から説教された旨供述していたところ、証人尋問においては、1人でバトンを返してもらいに行ったが、どこで説教されたかは覚えていない旨供述していること。

③ 　本件事実確認の際には、短パンになったりすることはなかった旨供述していたところ、証人尋問においては、加害者教諭から足が痛いか

と尋ねられ、どこも痛くないと答えると、ウインドブレーカーの下を脱がされたという話を追加していること。

　以上に対し、同判決では、次のように述べて、被害者生徒の供述の核心部分についての信用性を減殺するものと評価することはできないと判断しています。

「しかしながら、証拠（甲５、６）によれば、本件各事実確認は、乙山（筆者註：被害者生徒）自身が具体的な事実経過を自発的に語るという形式ではなく、Ｋ教諭（筆者註：加害者教諭ではない事実確認を行った教諭）が回答を示唆した上で、乙山にその当否を確認するという誘導的な質問が多く含まれていたことや、同人はその質問の多くに対し、ただ「はい。」や「うん。」、「ない。」などと答えていたことが認められるから、13歳という同人の当時の年齢を併せ考えた場合、同人は、本件各事実確認の際、多少自己の記憶と異なる部分や、又は明確に記憶していない部分があっても、Ｋ教諭の示唆した回答に迎合して返答していたものと推認することができる。そうしたところ、乙山は、証人尋問においては、記憶にある点とない点を区別した上で、各質問に対して明確に返答をしており、その供述態度に格別問題は認められない上、原告（筆者註：加害者教諭）からキスをされたという点については、本件各事実確認の段階から一貫していることが認められるから、上記程度の乙山供述の変遷も、原告からキスをされたという乙山供述の核心部分についての信用性を減殺するものと評価することはできない。」

　同判決を読まれた方の中には、誘導的な質問による影響もさることながら、13歳という当時の被害者生徒の年齢を重視した結果、被害者生徒の供述に上記変遷があったとしても、その供述の核心部分についての信用性は減殺されないとの結論が導かれたのではないか、と思われた方もいるか

もしれません。

　ところが、誘導的な質問は、回答者の年齢を問わず、その回答内容に大きな影響を与えることを示す心理学研究（ロフタスの衝突実験）が存在します（Loftus, E. F. & Palmer, J. C., Reconstruction of automobile destruction: An example of the interaction between language and memory. Journal of Verbal Learning and Verbal Behavior, 13, 585-589, 1974）。

　同実験では、150名の参加者（大学生）に対し、自動車が衝突する交通事故の様子を撮影した映画をみせた後、50名ずつA、B、Cのグループに分けた上で、Aグループには何も質問せず、Bグループには「自動車がぶつかった（hit）とき、どれくらいの速度で走っていましたか」との質問を、Cグループには「自動車が激突した（smashed）とき、どれくらいの速度で走っていましたか」との質問をしました。

　1週間後、参加者は前にみた映画に関して、別途、10の質問をされますが、その1つに、「壊れた窓ガラスを見ましたか」という質問があります。なお、映画のシーンでは自動車の窓ガラスは事故によって割れていません。

　割れた窓ガラスを見た（Yes）と回答した参加者の割合は、1週間前に何も質問されなかったAグループが12％、「自動車がぶつかった（hit）とき、どれくらいの速度で走っていましたか」と質問されたBグループが14％、「自動車が激突した（smashed）とき、どれくらいの速度で走っていましたか」と質問されたCグループが32％という結果で、「激突した（smashed）」という事故の激しさや自動車の速度の速さを暗示する質問をされたグループが、最も間違った回答をしたというものでした。

　このように、ある出来事を体験した後に、質問者から与えられた情報によって記憶の内容が変容してしまうリスクについても、可能性として十分に存在するということに留意すべきです。供述内容が変遷しているからといってそこで諦めてしまうのではなく、質問と回答というスタイルで構成されている供述証拠が複数存在し、それら供述内容の一部が変遷している

場合には、質問者の質問の仕方や、回答者の回答の仕方がどうだったのか等について、改めて精査、検討してみるべきでしょう。なお、後述のとおり、このような変容リスクは、弁護士が依頼者や証人に対して打合せを行う際にも同様に存在します。

**POINT**

質問と回答というスタイルで構成されている供述証拠が存在し、それら供述内容が変遷している場合には、質問者が意図する回答を求めるような質問方法であったか、それに対する回答の仕方がどうだったのか等について検討してみる！

## ③ 記憶の喪失

### 1. 作為的選択

供述者にとって重大な関心事であったり、印象的な出来事である場合、その他、過去に何度も記憶を喚起する機会があった場合など、通常、記憶に残っていてもおかしくないと考えられる事項に関し、「覚えていない」「わかりません」等供述することは、一般的に、信用性の判断にマイナスの影響を及ぼします。

特に、自己に有利となる事項に関する記憶はあるのに、同時期の自己に不利となる事項に関して覚えていない等供述することは、真に自己の記憶に従って供述しているのか、という疑問を裁判官に持たれてしまう危険性があります。

盛岡地裁平成9年3月28日判決は、証券会社の従業員が顧客に無断でワラント取引を行い、仮にそうでないとしてもワラントについての説明義務を十分尽くさずに取引を行って顧客に損害を与えたとして顧客が損害賠

償請求を求めた事案ですが、金銭及び証券の残高の内容を確認の上、顧客が署名押印して証券会社宛てに郵送することとなっている回答書等に署名押印した記憶がないとの顧客の供述に関し、以下のとおり、その信用性には疑問を感じざるを得ない旨判断しています。

「しかし、右1（九）（3）で認定のとおり、原告は回答書（乙26）に署名押印して平成3年7月30日付けで被告会社に提出しているところ、この当時原告は既にY（筆者註：原告の妻）からワラント取引によって少なくとも800万円の損が出たことを聞き、どういう銘柄でそのような損をしたのかYを問い詰めたことがあったほか、同年6月か7月ころには被告盛岡支店のM課長とSを呼んで抗議したことがあったと供述するにもかかわらず、重大な関心事であるはずの右回答書に署名押印した記憶がないとも供述しており、また、原告が自ら署名押印して被告会社宛てに提出した証書喪失の際の平成元年5月2日付けの念書（乙32の3）についても、いつ何のために署名したのか全く記憶にないと供述するなど、原告の供述態度及び供述内容は不自然であって、その供述の信用性には疑問を感じざるを得ず、原告の右供述内容に沿う陳述書の記載も同様である。」

このように同判決では、原告が被告に抗議したことなど、原告にとって有利となる事項に関する記憶はあるにもかかわらず、同時期になされた原告にとって不利となる事項に関する回答書への署名捺印について記憶にないとする供述は、それが原告にとって重大な関心事であることも鑑みれば不自然であり、信用性はないと判断しています。

## 2. 理由なき否認

　同様に、争点に関する相手方の供述を単に否認し、あるいは不合理である旨簡略に述べる、もしくは記憶にないなどと、否認する理由を積極的、具体的に述べないことは、相手方の供述の信用性を逆に補強してしまう可能性があります。また、自己にとって不利となる特定事項に関してのみ記憶にないと述べることは、意図的に不利となる事実を隠しているのではないかとの疑いをもたれてしまいます。

　たとえば、病院洗濯場に勤務する女性に対し職場で繰り返しなされた上司からのセクハラ行為が不法行為であるとされた神戸地裁平成 9 年 7 月29 日判決では、以下の各点に照らし、被害女性である原告が供述するとおりの事実があったと認めるのが相当であり、原告の供述に反する被告の供述は採用できないと判断しています。

① 　原告の供述する内容は、日時、場所、被害態様が変遷することなく一貫しており、供述する被害の態様も詳細かつ具体的で、不自然な点が見られないのに対し、被告乙山の供述は、まったくやっていないと供述するのみである。

② 　原告の供述内容がまったくの虚偽であるとすると、原告が被告乙山を陥れる目的を有していたとか、原告が虚言癖のある人物であることが考えられるが、本件全証拠によっても、原告がそのような目的を有していたとか、虚言癖のある人物であったことを窺わせる点を認めることはできない。

③ 　証拠（証人 K、同 W）によれば、被告乙山は、勤務時間中に女性職員の乳房の大きさや体型のことや女性職員の配偶者との性交渉のことなどを話題にすることが度々あった（中略）ことが認められるところ、被告乙山は、そのような事実についてもまったく記憶にないとの供述を繰り返すのみであり、性的な事柄に関することになると記憶が欠落

するという不自然な供述態度に終始している。

　　供述者にとって重大な関心事であったり、印象的な出来事である場合、過去に何度も記憶を喚起する機会があった場合など、通常、記憶に残っていてもおかしくないと考えられる事項に関し「覚えていない」等主張する場合には、意図的に不利となる事実を隠しているとの疑いを持たれやすい！

## ④　突然の記憶の回復

　訴訟当事者において、争点及び関連する事実関係については、遅くとも尋問時までには複数回、記憶を喚起する機会があったのが通常です。そのため、尋問時までに記憶が喚起できなかった事実を、突然、尋問時において思い出すことは稀であり、そのような供述に信用性が認められることは通常ありません。

　目撃者のいない状況での暴行の態様が争点となった前記名古屋地裁平成15年5月30日判決でも、真に自己の記憶に従って供述しているか大いに疑わしい事情の1つとして、腕をひねられた方向につき、被害者は、刑事事件の捜査段階においても内側か外側かわからないと供述していたのに対し、民事訴訟での本人尋問では、突如、外側へひねられたことを思い出した旨供述するに至ったことを挙げています。

　このような場合、真に思い出したのであれば、これまで何度か記憶喚起の機会があったにもかかわらず、なぜ突然に記憶が喚起されたのか、その理由、経緯、これまで記憶喚起できなかった合理的理由についても同時に説明することが必要です。それができない場合には、少なくとも尋問時において突然の記憶の回復を供述することにメリットはありません。

**POINT**

　それまで記憶が定かでないとしておきながら、突然、思い出したとの供述には信用性が認められにくい！

## 5 反復継続する行為に関する記憶

### 1. 疑われやすい供述

　ごく日常的な出来事など、同様または類似する行為が長期にわたり繰り返されている場合において、その中の特定事項に関して詳細に記憶していることは、よほど印象的なことがない限り、通常、考えられません。そのため、このような場合には、正確な事実を詳細に述べることができないというのが正直なところです。抽象的な供述では信用性に欠けると考え、詳細、具体的な供述を行ったとしても、記憶が喚起されるに至った合理的理由ないし経緯を説明できない限り、供述の信用性が認められることは困難といえます。

　東京地裁平成24年11月29日判決は、機械式立体駐車場を利用していた原告が、同駐車場に駐車していた原告所有の自動車が車止めから外れ、同駐車場の柱等に接触する事故により損傷したとして、同駐車場製造会社等に対して損害賠償を請求した事案に関するものですが、同判決でも以下のとおり、反復継続してなされた行為に関する記憶の特質が述べられています。

「原告は、本件車両が高級車であり大切な車両であるから、入庫を慎重に
　行っていたとして、本件事故の発生前に本件車両を入庫した際にギアを
　バックに入れ、サイドブレーキを引いて、本件車両の前輪が車止め1と

車止め2の間に位置することを視認したと供述するが、これらの操作は本件車両の機械式駐車場への入庫の際には通常行うべき操作であり、原告は本件事故までに本件車両を3年以上使用していること（甲1）からすると、本件事故前の入庫状況について具体的な記憶を保持しているか否かに疑問がある」

　また、治療方法の説明義務違反が問題となった東京地裁平成17年6月23日判決では、10年以上の間、約1万2,234人の患者を担当した医師の記憶、供述内容の信用性に関し、診療録にまったく記載がない他の患者とのやりとりを通常では考えられないほど詳細に供述しているとして、「疑問を差し挟まざるをえない」と判断しています。その上で、問題となった患者とのやりとりについても、「診療録等に記載していない部分について明確な記憶があるのかどうか極めて疑わしい」と判断しています。

## 2. 記憶が詳細に喚起されるに至った合理的理由

　他方で、反復継続して行った行為に関し、争点以外の事実に関してはまったく記憶がないにもかかわらず、争点となる事実に関しては詳細に供述していた場合であっても、供述の信用性が認められた裁判例として、東京高裁平成10年12月10日判決が挙げられます。

　同判決では、当時、毎日何十回もワラント取引の勧誘の電話を行っていた証券会社担当者において、他の顧客に関してはまったく記憶がないにもかかわらず、相手方に対する電話の内容は詳細に記憶しているという点に関し、「証人尋問に先立ち、陳述書を作成しており、その際、関連証拠等を確認して記憶を喚起する機会を持ったことからすると、他の顧客に関する記憶とに差があることも不合理とはいえない」と判断しています。

　つまり、記憶が詳細に喚起されるに至った合理的理由ないし経緯を説明

することができれば、たとえ反復継続して行った争点となる事実に関して詳細に供述した場合であっても、その信用性が肯定される可能性があるということです。

　なお、同判決では、その説明内容が型どおりの内容に過ぎないことからしても、その内容は記憶に基づくものではないとみざるをえないとの相手方の主張に対し、「ワラントの商品内容についての説明内容が型どおりの内容にすぎない点はその主張どおりであるとしても、その程度の説明しかしていないというに止まり、そのことから、記憶に基づかない供述であると断ずることは困難である」と判断した上で、相手方の主張を排斥しています。

**ＰＯＩＮＴ**
　記憶に残っていることの合理的理由、または記憶が詳細に喚起されるに至った合理的理由・経緯を説明できない限り、反復継続して行った行為中の特定事項に関して詳細な供述を行うことは、かえって信用性にマイナスの影響を与えてしまう！

## ⑥　曖昧な供述（原則）

### 1. 単なる記憶の薄れかそれ以外の要因か

　認識の程度、記銘力の強弱、記憶の劣化などによって記憶が薄れていくことや、記憶の混同・欠落・変容等によって勘違い、思い違いをすること自体は、やむを得ないことといえます。

　過去の裁判例においても、「原告の右供述部分の内容から見て、それが単なる思い違いや記憶の薄れに基づくものとは認められない以上、前記一の認定に反するその他の原告本人の供述も信用できないものといわざるを

えない」（東京地判平成7年1月17日）、「当該部位を代理人に示すにあたり、左腕ではなく右腕を指すなど、単に勘違いとして理解するのは困難な供述状況が見られる」（前記名古屋地判平成15年5月30日）とあるとおり、記憶の薄れや単なる思い違いによるものであれば、供述の信用性には影響を与えないことを前提とした判断がなされています。

そのため、供述内容が曖昧であったとしても、それが記憶の薄れに起因すると評価される場合には、要証事実が当該供述証拠によって立証できるか否かの問題はあるとしても、その供述の信用性自体に影響を与えることは少ないといえます。

他方で、事実を正直に供述することを不都合とする事情の存在等によって、意図的または不自然に曖昧な供述となる場合、つまり、真に自己の記憶に従って供述しているかどうかが疑われる場合には、供述の信用性にマイナス評価が与えられることとなります。

裁判例においても、目撃者のいない状況での暴行の態様が争点となった事案に関し、「あいまいな点が多い上、変遷も激しく、真に自己の記憶に従って供述しているかは多大な疑問がある」として、被害者の供述の信用性を否定しています（前記名古屋地判平成15年5月30日）。

逆に、土地所有者を自称する者との間で土地売買契約を締結して売買代金を詐取されたとする原告が、司法書士に対してその調査義務に違反したなどとして損害賠償を求めた事案（東京地判平成24年7月23日）では、裁判所は当該司法書士の供述に関し、「自己に不利益な事実も素直に認め、記憶があいまいな部分はその旨を明言するなど、責任を取るべきところは取ると供述するとおりに、自己の記憶しているとおりの事実を淡々と語っているとみられる」ことを理由に、信用できる旨判断しています。

## 2. 考察方法

　もっとも、曖昧な供述については、通常、記憶に残っていてしかるべき事項でない限り、それが記憶の薄れによるものか、それとも意図的または不自然に曖昧な供述となっているのかを一律に判断することは困難です。

　そのため、他の供述の信用性にマイナス評価を与える事情や、前後する客観的な証拠、その他経験則と照らした上で、補足的なマイナス要素として考慮されるのが一般的です。

　なお、時間など主観的な感覚に基づく供述の場合には、その供述が曖昧で変遷があるからといって、供述の信用性が減殺されるとはいえないとした裁判例も以下のとおり存在します[1]（気功整体マッサージでのわいせつ行為の有無が争点となった東京地判平成 25 年 5 月 20 日）。

「原告本人の供述のうち、本件マッサージ中の各行為の時間に関する点については曖昧であったり、一部変遷している部分はあるものの、原告が時計等を見ていたわけではなく、主観的な感覚に基づいて供述しているので、その供述が曖昧であったり変遷があるからといって、原告本人が受けた行為そのものについて述べる部分の信用性が減殺されるとはいえない。」

---

**POINT**

　要証事実が供述証拠によって立証できるか否かの問題はあるものの、記憶に残っていてしかるべき事項でない限り、曖昧な供述というだけで信用性が判断されるのではない！

---

[1]　なお、前記名古屋地裁平成 15 年 5 月 30 日判決では、被害者の供述について「『暴行の時間は 1 分間弱で、その後原告は自分から手を離した』というものであったが、その後の検察庁での取調べの際には、暴行時間につき数秒間と訂正するに至っている」として、時間に関する供述の変遷をもって信用性を否定していますが、1 分間弱から数秒間との供述の変遷については、主観的な感覚としても大きな隔たりがあるといえます。

## 曖昧な供述<br>（被害行為の有無が争点となる場合）

### 1. 供述内容の詳細さ、具体性、迫真性等の程度

　以上は、体験として共通する両当事者の同一の行為に関する思惑の相違、または記憶の相違が存在する場合に関して一般的にいえることですが、たとえば、セクハラ行為の有無が争点となる場合のように、そもそも被害態様に関する供述の全部または一部が捏造ないし作話、あるいは妄想によるもので現実にはそのような事実は存在しないなどと相手方が強く否認するような場合には、別段の考慮が必要となります。

　このような場合、被害態様に関して終始、曖昧な供述しかできないときは、それだけで供述の信用性に大きなダメージを与えてしまいがちです。被害行為の有無自体が争点となる場合、被害者の供述が実際の被害体験に基づいたものであるか、すなわち供述内容の詳細さ、具体性、迫真性（臨場感）、心境の吐露等が、考慮されるべき重要な要素となるからです。

　以下は、いずれも強制わいせつ行為ないしセクハラ行為の一部または全部の有無が争われた事案に関するものですが、これら行為に関する供述の詳細さ、具体性、臨場感など、実際の被害体験に基づいたものであるかを念頭に置いた上で検討されていることが伺えます。

①　仙台高裁秋田支部平成10年12月10日判決
　「控訴人の前記供述については、その概要を記載したとおり、短い時間の、控訴人・被控訴人両名の身体的な動作に関する供述ではあるが、一応詳細で、具体性を持ち、しかも、抵抗した際に、「被控訴人の手をつかんで、止めさせようと思ったけれども、被控訴人の手が汚らしく感じられて、手を引っ込めた。」などと、体験した者としての臨場

感を感じさせるような供述も含まれているように考えられる。そして、これらの供述は、原審及び当審の被控訴人代理人の反対尋問によっても矛盾や崩れを感じさせることがない程度に、強固に、一貫性をもって述べられているということができる。」（下線筆者）

なお、被害態様に関する供述内容は以下のとおりです。

「控訴人は、入浴中の午前七時すぎころ、被控訴人から八時にチェックアウトする旨の電話連絡を受けた。急いで身支度を整え、荷物を整理していると、午前七時半すぎころ、被控訴人が突然控訴人の部屋を訪れ、「ちょっといい。」と言って部屋を覗いた。「ちょっと待って下さい。」と言って、急ぎ下着類、衣類をブラウスに包んで一つにまとめて椅子の上に寄せてから、被控訴人を部屋に通した。被控訴人は、部屋に入ってきて、テレビの置いてあるところ付近で立ち止まり、控訴人は、その後ろについて歩いて行き、ベッド脇で立ち止まった。被控訴人は、向きを変えて、「えーと」「うーん、何て言ったらいいか。」と言いながら、口ごもっていたが、いきなり、控訴人の両方の二の腕を強い力でつかみ、控訴人の体を被控訴人に引き寄せてから、覆い被さるような格好で控訴人をベッドに押し倒した。被控訴人は、控訴人をベッド上に押し倒した後、衣服の上から、乳房とか、ブラウスのボタン辺りとかを次々と触り、太ももの内側の肉をぎゅっとつかんだ。これに対し、控訴人は、手を伸ばして、被控訴人の手をつかんで、止めさせようと思ったけれども、被控訴人の手が汚らしく感じられて、手を引っ込めた。その後、被控訴人は、胸を触り、被控訴人の下腹部を控訴人の下腹部に押しつけてきた。さらに、被控訴人は、手で控訴人の両肩のあたりを押さえつけ、これに対し、控訴人は、被控訴人の手や胸や腹部を手で押して抵抗した。控訴人は、上体を押さえつけられて、両手で抵抗しながら、必死の思いで、被控訴人から逃れようともがいて

いるうちに、ベッド左側の床に転げ落ち、急いでテーブル（ライテング・デスク）の向こう側に回った。被控訴人が追いかけてくるような気配がなかったので、黙って立っていると、被控訴人が「え─」とか「うーん」とか「僕の言いたいことはだね。」などと口ごもっていたので、被控訴人に「つまり、だれにも言うなってことですか。」と言うと、被控訴人は「そう、そういうことなんだよ。」と言った。被控訴人から、両方の指で四角い形を作って「これ、これある。」と言われたので、カウンターの上にあったショルダーバッグのところまで歩いて行き、紙片を取出し、小さく折り畳んであったので広げて見せた。被控訴人が違うというジェスチャーをしたので、別の紙片を取り出して、これを被控訴人に手渡した。被控訴人は、「じゃ、八時に下で待っているから。」と言って、部屋から出た。控訴人は、しばらく呆然としていたが、時計に目をやると午前八時近くになっていたので、急いで荷物をバッグに詰め込み、部屋を出た。」

② 宮崎地裁平成22年２月５日判決

「まず、本件セクハラ行為に関するＺ１供述は、前記（１）において認定した内容のとおり、いずれも十分に具体的かつ詳細であり、格別不自然・不合理な点は見当たらない。」（下線筆者）

なお、被害態様に関する供述内容は以下のとおりです。

「ア　懲戒事由１について

平成20年３月30日午後６時半ころから、Ｚ１の自宅２階で、同人の兄の送別会が開催され、原告のほか、３組の生徒及びその親に加え、かつて本件中学校に勤務していた教師がもう１名参加した。

Ｚ１は、宴席の途中で１階にある居間に行き、２人の弟が寝ているコタツに入って横になっていたが、同じころ、原告も、１階に下りて

トイレに行った後、同居間のコタツに入り、Ｚ１と同コタツの脚を隔てて隣り合う形で横になった。その際、原告は、左半身を下にして体の正面を原告（筆者註：Ｚ１と思われる）の方に向けた体勢であった。

原告は、Ｚ１に対し、「ファーストキスは誰としたい。」と尋ね、同人が「Ｚ２君。」と答えると、仰向けになっていた同人に覆い被さるような体勢になって同人の唇にキスをするとともに、「俺でよかったか。」と笑いながら言った。

その後、原告とＺ１はそのままコタツで眠ったが、同人は他の生徒から起こされて、原告の顔に落書きをした。翌日、原告が目を覚ますと、同人の左腕の上にＺ１の頭が乗っている状態であった。

イ　懲戒事由２について

Ｚ１は、振替休日であった同年４月18日の午前中、部活をするために本件中学校に登校した。原告は、Ｚ１が同月16日に体育館に置き忘れていた２本のバトンを職員室で保管していたため、同人に会った際、職員室までバトンを取りに来るよう指示した。

Ｚ１が一人でバトンを取りに行くと、原告は、職員室の前の廊下でＺ１に上記バトンを渡したが、その際、自分の顔をＺ１の顔に近付けて、同人の唇にキスをした。

ウ　懲戒事由３について

原告は、同日の正午ころに部活が終わると、Ｚ１に対し、宿題を見て欲しければ午後にコンピューター教室に来るように伝えた。

午後２時ころ、原告がコンピューター教室に向かったところ、室内にＺ１の荷物が置かれていたものの、Ｚ１本人は不在であった。原告は、Ｚ１を探して本件中学校内を見て回ったところ、同人は３年生の教室で学級文庫を読んでいたため、同人に対し、宿題をする気があるならコンピューター教室に来るように告げ、同人と一緒にコンピューター教室に向かった。

　Ｚ１は、コンピューター教室の机で宿題をしていたが、後ろで作業をしていた原告から、「30日のことは誰にも言っていないよね。」と尋ねられたため、「はい。」と答えた。

　その後、原告は床に座って印刷等の作業を行っていたが、そのころ、Ｚ１も机を離れて原告の横に並んで座り、印刷物の中に、「めあて」と記載すべきところを誤って「めだて」と記載していたものがあったのを見て笑ったりした。その後、原告はＺ１に顔を近付けて同人の唇にキスをし、「足は痛くないか。」などと尋ねた。これに対し、Ｚ１は、「どこも痛くありません。」と答えたところ、原告は、Ｚ１のウインドブレーカーの下を脱がせ、同人を短パンの状態にしたが、そのとき、Ｚ３講師がコンピューター教室に入ってきた。

　Ｚ１は、原告とＺ３講師とが話をしている間に帰る支度をし、同人が職員室に戻った後、帰宅した。」


③　東京地裁平成25年5月20日判決
「原告本人は、概ねその主張に沿う供述をしている。その供述は、<u>自らの受けた行為を具体的に述べるもの</u>であって、それ自体に客観的な事実に明らかに反するなど、不審な点は見当たらない。」（下線筆者）


なお、被害態様に関する供述内容は以下のとおりです。
「ｃは、普段の施術と異なり、保健室内の電気を消した状態で施術を開始した。そして、原告が施術台上にうつ伏せとなり両腕を伸ばした姿勢でいたところ、ｃは、原告の手にｃの股間をあてるような体勢でマッサージを行った。この時点で原告はいつもと違う施術に違和感を覚えつつも、施術を受ける部屋が狭いので仕方がないことかもしれないと思い、特に抗議することはなかった。

　そして、ｃは、通常20分ほどかかる上半身のマッサージをわずか

10分足らずで終わらせると、原告の下半身を入念にマッサージし始めた。その後、ｃは、原告に仰向けになるよう指示し、股関節のマッサージを始めたが、通常と異なり、原告の下着のライン沿いに指圧を執拗に行った上、バスタオルの下に手を差入れ、さらに短パンと下着の中に手を入れた。原告は言いようのない恐怖を覚え身体が硬直してしまい、どうしていいかわからず、抵抗することはもちろん、声を上げることさえできなかった。

　その後、ｃは、10分間にもわたり原告の女性器に指を入れて弄ぶなどのわいせつ行為に及んだ。その間、ｃは、卑劣にも「気持ちいいですか」などと原告に言葉を向けるなどした。原告は、恐怖から言葉も出ず、所定の時間が終わるまで恐怖と屈辱にひたすら耐えるほかなかった。」

**POINT**

事実関係の存否自体が争われる場合には、供述内容の詳細さ、具体性、迫真性(臨場感)、心境の吐露等が、考慮されるべき重要な要素となる！

## 2. その他の留意事項

　なお、セクハラ行為などは、被害者の人格、身体等に対する重大な出来事であるため、比較的記憶に残りやすいともいえそうですが、緊張、恐怖等、極度のストレスを受けた状況下での記憶でもあるため、認識の程度や記憶喚起に悪影響を与えるともいわれています。

　また、被害態様に関する供述の全部または一部が捏造ないし作話、あるいは妄想によるものと相手方が主張する場合には、そのような虚偽の事実を作出してまで相手方を窮地に陥れようとする動機の不存在や、供述者自

身が相当のリスクや犠牲を払ってまであえて提訴しているのであり訴訟で勝訴することによって得る利益よりも失うもののほうが大きいことなども丁寧に説明する必要があります。

**POINT**

　供述の全部または一部が捏造ないし作話、あるいは妄想によるものと相手方が主張する場合には、そのような動機の不存在や、訴訟で勝訴することによって得る利益よりも失うもののほうが大きいことなど丁寧に説明すべき！

## 8　供述内容自体の不自然性

　セクハラ行為の有無・態様が争点となった東京高裁平成9年11月20日判決において、加害男性上司と被害女性従業員の供述内容は、以下のように真っ向から対立するものでした。

### 加害男性上司（乙川）

「　自分が中心になって開発してきた商品に関するマスコミの取材が終了してほっとすると同時に、これにより受注がさらに増加して積年の悲願であった売上収支の赤字からの脱却が達成されることへの期待と喜びから、気分が極めて高揚し、事務所内を手を叩きながら行ったり来たりするなどしていたところ、たまたま最後まで同所でともに取材に対応した甲野が自分の机に向かって椅子に座り工程表等を眺めていたのに気づき、その喜びを2人で分かち合おうとして、左横から右手を甲野の左肩にかけ、甲野が立ち上がり、乙川の方を向いたところを、思わず、無言で両手を甲野の背中に回して甲野の肩を抱きしめてしまったが、甲野から、「私はいつもおじさんに好かれるの」、「私は会

社を辞めません」といわれたため、驚いて甲野から離れた。これはほとんど瞬間的なものであった。」

### 被害女性従業員（甲野）

「　乙川（男性上司）がいきなり後ろから抱きついてきて、「甲野さんを一度抱きしめたかった。甲野さんはかわいいから。」などと言いながら甲野の首筋に唇を何度も押しつけ、作業着の中に手を入れ、ブラウスの上から胸を、ズボンの上から腰をそれぞれ触わったり、前に回りこんでキスしようとし、顎を無理やりつかんでキスした上、舌を口の中に入れたり、腰を甲野の身体に密着させたまま上下に動かし、指を甲野の股間に入れズボンの上から下腹部を触るなどした。甲野は、これに対し、腕を胸の前で堅く組んだり、手を払いのけようとしたが、乙川は払いのけようとする甲野の手を乱暴に強い力で振り払ったり、甲野の防御の姿勢に合わせて前後に回るなどし、執拗に上記行為を続けた。甲野は、相手を余計にあおり立てることにならないように、できるだけ平静な態度を装い、やっとの思いで、「お昼過ぎちゃいますよ」と言うと、乙川は、甲野から離れ、「ああ、気持ちよかった。いい子を抱くと気持ちがいい。やられた方はとんでもないってか。こんなことしたら甲野さん泣いちゃうかと思った。仕事辞めないでね。」と言い、自分の机に戻って行った。これは午前 11 時 50 分から午後零時 10 分くらいまでの約 20 分間のことであった。」

　東京高裁平成 9 年 11 月 20 日判決は、以下のとおり、男性上司の供述内容自体の不自然性に着目し、信用性を減殺する要因の 1 つとしています。

「男性の営業所長が他に人のいない営業所において両手を若い女性従業員の背中に回して無言で抱きしめるという行為は、気分が極めて高揚して

いたとはいえ、上司と部下が仕事上の「喜びを分かち合う」行為として極めて不自然なものといわざるを得ない。しかも、仮に本件乙川供述のとおりであるとすれば、控訴人から何の脈絡もなく、突如「私はいつもおじさんに好かれるの」とか「私は会社を辞めません」というような発言があったことになり、合理的ではなく、むしろ、右のような発言があったとすれば、被控訴人乙川がただ単に控訴人を抱きしめただけではなかったことが窺われる。」

　仮に、男性上司が依頼者であった場合に、同人からこのような供述を聞き取った際には、会話の流れとして不自然であることを察知した上で、両手を女性従業員の背中に回して抱きしめてから、女性従業員からの「私はいつもおじさんに好かれるの」とか「私は会社を辞めません」との発言までの間、他に何らかの言動や、意図せぬ女性従業員の身体への接触等はなかったのか、「会社を辞めません」という女性従業員の発言の後、自己の行為が誤解を与えたことへの弁解等はしなかったのか、しなかったとすればなぜか、その他、女性従業員がこのような発言をするに当たり思い当たる節はないか、など確認した上で、それらについても説明すべきであったといえます。それでもまだ、全体の流れとして不自然である場合には、自然な流れではないことを依頼者自身も当時認識しつつも、あえて弁解、確認等しなかった理由、経緯、その他事情等を、依頼者の当時の心境とともに丁寧に裁判所に説明すべきであったといえます。

**POINT**

　当事者間の会話のやりとりは、実際上、常に自然な流れで構成されるとは限らないものの、供述内容に矛盾点や不自然な流れがあれば、それに対するフォローを忘れない！

# 9　共通する供述内容との整合性

　体験として共通する両当事者の同一の行為に関し、両当事者の供述内容や趣旨が一部、一致することがあります。その場合、一致する限りでの両者の供述内容を前提に、一致しない部分に関する供述内容が不自然であるか、または整合性を有しない場合には、当該供述の信用性が否定され、整合性を有する他方の供述の信用性が認められやすいといえます。

　東京地裁平成 24 年 1 月 17 日判決は、エレベーターから降りる際に、原告、被告いずれが相手方に暴行を加えたのかが問題となった事案で、被告が「原告の方から被告に体当たりをする暴行を加えた」と供述したのに対し、原告は「被告が原告の身体を押しつける暴行を行った」と供述しました。

　同判決では、以下のとおり、被告がエレベーターから降りる際に、原告のことを上司に訴えてやるという趣旨の発言をしたという限度で両者の供述が一致していることを前提に、それと整合性を有しない原告の供述の信用性を否定し、整合性を有する被告供述の信用性を認めています。

「また、原告は、エレベーターから降りる際に被告は「明日、会社におまえのことを色々言いつけてやるからな、バカヤロー」と罵倒したと主張する。この点について、被告の主張は、発言の詳細や言葉遣いは異なるものの、原告のことを上司に訴えてやるという趣旨の発言をしたという限度では一致している。そうすると、被告から原告に身体を押しつける暴行を加えたのであれば、被告が原告のことを「会社に言いつける」というのは意味不明であり、むしろ、被告としては暴行を加えた事実を上司に知られたくないと考えるのが自然である。逆に、被告が主張するように、原告の方から被告に体当たりをする暴行を加えたとすれば、上記の被告の発言は、意味が分かるということができる。」

　なお、同案件での原告の供述は、「被告は、平成21年４月21日午後６時ころ、ｂビルのエレベーターに原告と被告の２人だけが乗っている状態で、身長180cm以上、体重90kg以上と大柄な身体を原告に押しつけて圧迫した。そして被告は、エレベーターの扉が開き外に逃げた原告を見て、「明日、会社におまえのことを色々言いつけてやるからな、バカヤロー」と罵倒した」というものです。

　この点、被告の供述と一部、一致するか否かにかかわらず、仮に、被告の方が身体を押しつける暴行をしたという原告供述のとおりであったとすれば、その後に被告が原告のことを上司にいいつけるということ自体が合理的でないと評価することも可能です。

　しかしながら、その場合の信用性評価よりも、当事者間で争いのない供述内容を前提として、不自然または整合性を有しないと評価される方が、より供述内容の信用性が減殺されやすいといえます。争いのない事実との齟齬を問題にする方がより明確に不自然性、非整合性が浮き彫りとなるからです。

**ＰＯＩＮＴ**

　当事者間で争いのない供述内容が存在する場合、当該事実を前提として不自然または整合性を有しない供述内容の信用性は大きく減殺されることとなる！

## ⑩　同一人物の複数の供述内容との整合性

　上記❽、❾は、争点となる供述内容自体に着目しているものですが、同一の供述者が、時、場所を変えて争点に関連する複数の供述を行っている場合には、これら複数の供述内容の整合性についても問題となり得ます。

　このような場合、仮にある供述内容が事実そのとおりであったとして、他方の供述内容と整合性を有しない場合には、争点判断に当たって重要と思われる他方の供述内容について、その信用性が減殺されることがあります。

　株式投資信託の購入を勧誘した証券会社の社員に、適合性原則に違反する違法があったかどうかが争点となった神戸地裁尼崎支部平成 15 年 12 月 26 日判決では、次のように述べて、購入していた商品は銀行預金と同じ元本保証のあるものだと思っていた、銀行と証券会社との違いもよくわかっていなかったとの原告（顧客）の供述の信用性を否定しています。

「同原告本人の供述を借りれば、「銀行の一部であって名前の違う銀行のようなもの、ないしは銀行と同じようなもの」（同調書 30 頁）と思っていた証券会社において、それまで「銀行の預金と同じようなもの」（同調書 32 頁）と理解し「銀行預金と同様安全確実なもの」（同調書 39 頁）と思っていた公社債投信ばかりを購入していた同原告が、「そこの会社の人が言うことには間違いないだろうと」（同調書 40 頁）思える「ちゃんとした会社の人」（同）から「非常にいいものがある」（甲 30 によれば「公社債よりもっといいものもある」）と言われたのに対して、「それはどんなものですか」と返事するのではなく、「変なものは困る」と答えたというのは、証券会社の営業内容についてまったく無知であったという同原告本人の供述を前提とする限り、理解し難いというほかない。」

　すなわち、同判決では、一方で株式投資信託が銀行の預金と同じようなものであるとか、証券会社が銀行と同じようなものと供述しておきながら、他方で、これらの違いを理解していたことを前提とするような「変なものは困る」と答えた旨供述することは、同一人物の供述として相容れないものであり、仮に「変なものは困る」と答えた旨の供述がそのとおりなされていた場合には、適合性原則違反という争点を判断するに当たって重要な供述となる「購入していた商品は銀行預金と同じ元本保証のあるものだと

思っていた、銀行と証券会社との違いもよく分かっていなかった」との供述の信用性が減殺されるという判断を行っています。

　　争点に関連する複数の供述内容との間に整合性がない場合には、争点判断に当たって重要と思われる供述内容の信用性が減殺され得る！

## 11　供述内容に含まれる客観的事実に反する事実

　客観的事実に反する、または誇張された事実を前提に、相手方を非難、詰問、問いただすなどし、相手方もそれが客観的事実に反する、または誇張されたものであることを認識していた場合には、通常、相手方から、前提事実に疑義があるなどの指摘、反論がなされるものであり、逆に客観的事実に反する、または誇張された事実を前提とした言動を相手方がとることは不自然といえます。

　そのため、このような場合に、客観的事実に反する、または誇張された事実を前提にした言動が相手方からなされたと供述することは、信用性に疑問を持たれる可能性があります。しかも、客観的事実に反する、または誇張されているかどうかの判断は比較的容易に行うことができるため、信用性の判断自体も行いやすいといえます。

　この点に関する裁判例として、大阪地裁堺支部平成6年7月13日判決が参考となります。同判決では、道路交通法違反（共同危険行為等の禁止違反）被疑事実で逮捕され、取調べを受けていた原告が、取調べに当たった大阪府警察本部所属の警察官から暴行を受け負傷したとして、被告大阪府らに対し慰謝料等の損害賠償を求めたのに対し、被告大阪府らは、原告が

自傷行為に及んだもので警察官による暴行の事実はないと主張しました。

　担当警察官の供述は、原告の病気の母親が心配していることに言及したり、過去に原告が年少者を堤防から突き落としたことがあるものの客観的に死に至るまでの危険性はなかった男里川の件を追及し、夜の海に年少者を投げ込んで打ち所が悪くて死んだりしたらどうするのだと叱りつけたところ、原告が突然興奮して「死んだら、ええんやろ。死んだるがな」と叫びながら、自ら壁に頭を打ちつける自傷行為に及んだ、というものでした。なお、それまでに行われていた原告の身上関係に関する取調べ段階では、原告の態度に異常な点はないと認定されています。

　同判決では、以下のとおり、担当警察官の供述内容に信用性がないとして、原告の請求を一部認容しました。

「しかし、原告において、被告甲野（筆者註：担当警察官）から母親のことに言及されたことによって右言辞を吐き、興奮して自傷行為に及んだというのは明らかに不自然であり（被告甲野から母のことを言われて胸がジーンとしたとの原告の供述（第3回）が信用できるとみるべきである）、男里川の件の追及についてみても、原告はその事実を素直に認めていたのであるし（証人S（筆者註：巡査部長）の供述）、男里川の河口付近は、水深約10センチメートル程度で、原告らが年少者を突き落としたとされる堤防の高さは約60センチメートルであったことが認められるから（検甲1ないし6）、原告らの行為によって被害者が水に溺れたり怪我をする場所ではなく、原告自身も以前に同じ行為をされた経験をもっていた（原告の第2回供述）ことに照らすと、原告が男里川の件を追及されて「死んだら、ええんやろ。死んだるがな。」と叫ぶほど興奮したと考えることも困難である。」

　すなわち、同判決では、男里川の堤防から年少者を突き落としたとしても死に至るほどの危険性がなく、原告自身もそれを認識していたにもかか

わらず、そのような客観的事実に反する、または誇張された事実を前提に、原告が何ら反論等することなく突然興奮状態となり自傷行為に及ぶことは不自然であると判断しています。

　その他同判決では、原告の負傷の部位に関しても担当警察官の供述内容を前提にした場合には傷が説明困難な位置にあること、担当警察官の負傷の内容も担当警察官の供述内容と整合しないことなどを総合考慮した上で、担当警察官が原告に対する暴行を隠ぺいするために、原告の自傷行為という虚構の事実を供述したものと判断しています。

**POINT**

　供述内容に客観的事実に反する、または誇張された事実が存在し、相手方もそれを認識しているにもかかわらず、相手方から何ら反論等なされることなくそのような客観的事実に反する、または誇張された事実を前提とした言動がなされたとの供述については、信用性に疑問を持たれる可能性がある！

## ⑫　逆行的供述

　ある出来事を体験してから供述するまでの間に知り得た情報を、その出来事に関する当時の供述にはめ込んでいるような場合にも、供述内容の信用性にマイナス評価を与えます。

　刑事事件に関するものですが、神戸地裁昭和60年10月17日判決（甲山事件第1審判決）は、知的障害児施設である甲山学園の青葉寮内で、昭和49年3月17日、19日の両日、青葉寮内の園児2名（いずれも当時12歳）が相次いで行方不明となり、捜索の結果、19日夜、両名の溺死体が同学園内北部の汚水浄化槽内から発見されたという事件に関するものです。同判決では、園児連れ出しの状況に関する他の園児らの目撃証言の信用性に

疑いがあり、同学園の保母であった被告人の捜査段階における自白の信用性にも疑問があるとして無罪判決がいい渡されました。目撃園児が、テレビ報道等を通じて、事件の舞台が甲山学園の裏のマンホールであるとの知識・情報に触れたことで、目撃園児の新供述に何らかの影響を与えたとの疑いを否定し難いとした上で、目撃園児証言の信用性に関し、同判決は以下のように判示しています。

「前記のように、F（筆者註：目撃園児）は、その証言において、被告人と太郎（被害者園児）とが非常口の外へ出たあと、「ドアをさわったが開かず、横の窓から外を見たり、女子棟洗面所の上へ上がって横の窓から裏を見たが、暗くて見えなかった。」旨述べている。ところで、「女子棟洗面所の上へ上がって…裏を見る」という行動は、その場所的状況に照らして明らかなように、非常口の外へ出た２人が青葉寮の裏、すなわち本件浄化槽の方向へいったことを見抜いていたかのごとき動きである。一方において「こわい」場面を見たと強調するFが、執拗なまでに２人の姿を追い求めたこと自体不自然のそしりを免れないが、異常とも言えるほど青葉寮裏にこだわった行動に出ているという点にも奇異な印象を受ける。この点でも、本件浄化槽で事件が起こったという知識・情報がその供述に影響を及ぼしているのではないかと疑われるのである。」

　つまり、同判決では、青葉寮の非常口の外へ出たとしても、決して裏（北側）だけにしか行けない構造になっているのではなく、その他、学習棟、新学習棟、管理棟、若葉寮、運動場など裏（北側）以外のいずれの方向にも行けること、目撃園児は、非常口から２人が出て行ったことまでは目撃しているものの、その後、裏（北側）に行ったことまでは目撃していない、にもかかわらず、女子棟洗面所の上へ上がって横の窓から裏を見たなど、異常ともいえるほど青葉寮裏（北側）にこだわった行動に出ているなどに鑑みれば、本件事件後に知り得た情報が、遡って目撃園児の供述に影響を

与えた疑いがあるとして、信用性判断にマイナス評価を与える要因の１つとしています。なお、同判決では、F（目撃園児）の新供述が事件後３年以上も経過した時期に極めて唐突な形でなされたこと、目撃状況は学園内の日常生活の場面でしばしば見られるものであり３年以上の長期間にわたり記憶に深く刻み込まれるようなものではないこと、その他、供述の変遷内容等も考慮した上で、供述の信用性を否定しています。

**POINT**

　供述内容が、当時の供述者が認識していた事実ではなく、その後に得た情報の蓄積に基づいて、現実に体験した事実についての記憶内容が変容・歪曲されていないかとの視点も忘れない！

## 13　供述者の意図、認識等と前後する言動との整合性

　争点または争点に関連する供述内容から伺われる供述者の意図、認識が、前後する供述者の言動と整合性、一貫性を有する場合には、当該供述内容の信用性が認められる要因となり、整合性、一貫性を有しない場合には、信用性が認められない要因となります。

　ペット類飼育の可否に関する情報提供義務がマンション販売業者にあるかどうかが争われた大分地裁平成 17 年 5 月 30 日判決において、マンションを購入した原告は、「マンションの売買契約に当たり、担当者から『当マンションはペット類を飼育できる造りにはなっていないので、ペット飼育は禁止です』との説明を受けたため、購入を決意した」と供述しました。

　当該供述からは、ペット類の飼育が禁止されているマンションを購入したいとの原告の意図が伺われるところ、当該意図は、他の証拠によって裏付けされた、本件マンション購入に先立ち、他にもマンションを物色して

ペット類が飼育可能なマンションであることから購入を断念した言動と整合性を有するとして、信用性が認められる要因としています。

　また、目撃者のいない状況での暴行の態様が争点となった前記名古屋地裁平成15年5月30日判決では、争点となった暴行の後に「お前なんか盆明けには出てこれんようにしてやる」と加害者から脅迫されたとの被害者の供述の信用性に関し、争点となった暴行の態様自体が胸倉を掴んで揺さぶるという程度のものであり、その後も被害者に暴行を加えるなどの言動が認められない以上、被害者に対して出勤できなくなるような傷害を負わせようという意思を当時、加害者が有していたとは認められず、「盆明けに出てこれんようにしてやる」などという発言を加害者がしたとは考え難いとしています。その上で、その他の被害者の供述の信用性が乏しいことも考慮した結果、上記被害者の供述の信用性を否定しています。

　同判決では、暴行の態様やその後の言動（暴行の事実なし）から当時の加害者の意思を認定し、当該意思を基礎として問題となった供述の信用性を判断するという方法が採られています。

**POINT**
供述内容や言動から伺われる意図、認識と前後する言動との整合性、一貫性が認められるかどうかにも着目する！

# 14　供述態度、姿勢、人物像

## 1. 供述者の供述態度

　尋問時における供述者の供述態度、姿勢についても、供述の信用性判断に影響を与えます。

　東京地裁平成7年5月16日判決では、終始、冷静に事実を述べ、記憶に十分に整理し、原告代理人からの質問のみならず、被告ら代理人からの質問にも、冷静に嚙み砕いて事実及び自己の認識を説明するように努めていた証人の供述態度をもって、供述内容の信用性を疑わせるような点はないと判断しています。

　また、東京地裁平成9年11月11日判決では、「原告は、株式説明会に出席した回数など、事前に原告代理人から開示されていない原告に不利と思われる情報についても、被告代理人の質問に答えて進んで話している（原告本人尋問の速記録69・70頁）のであり、このような一貫した原告の供述姿勢から見て、原告の前記供述は信用することができる」とし、自己にとって不利と思われる事実についても分け隔てなく話している原告の供述姿勢が評価されています。

　逆に、東京高裁平成25年9月26日判決では、「そのような被控訴人の姿勢は、本件会社及び一連の投資詐欺に関することは、できる限り知らぬ存ぜぬで、隠し通せることは隠し通そうとしていることが明らかであるから、被控訴人がSや本件会社とは関係がないとか、何も聞いていないとの供述をそのまま信用することはできない」として、被控訴人の供述姿勢が信用性の判断にマイナス評価を与えています。

　その他、神戸地裁尼崎支部平成15年12月26日判決では、「陳述書に記載したことすら簡単に覆すという供述態度に照らせば、原告X1のその他

の供述部分の信用性についても、軽々にこれを肯定することはできないというべき」としています。

　このように、供述態度や供述姿勢についても、供述者が真に自己の記憶に従って事実や認識を供述しているかどうかとの視点にて、供述内容の信用性評価に影響を与えているといえます。

## 2. 供述者の人物像

　そして、供述内容の信用性が個別、具体的に検討される前提として、それが判決理由中に記載されるかどうかは別としても、供述者自身の人物像や特徴などから窺われる信用性全般に関する事項についても心証形成に何らかの影響を与えていることは否定できません。たとえば、東京地裁平成24年7月23日判決では、「被告Bは、その責任を否定し、また、その損害賠償額を軽減すべく、過剰ともいうべき徹底的な主張を行っているが、これは、訴訟代理人弁護士の個性又はその実質的な依頼者である保険会社の意向によるものとみられるから、このことをもって被告Bの本人尋問における供述の信用性を低いものとみることはできない」と判断していますが、裏返していえば、あまりにも過剰・徹底的に自己の責任を否定する主張が当事者自身の意向に基づく場合には、責任回避指向の強い人物として、供述の信用性にマイナスの影響を与える余地があることを示唆しているといえます。

　なお、刑事事件に関する裁判例ですが、強姦致傷事件に関する被害者の供述の信用性が争点となった東京地裁平成6年12月16日判決では、被害者証言の信用性を個別、具体的に判断していく前提として、被害者の人物像や証言の特徴等、信用性全般に関する事項についての検討もなされました。その結果、「A子（筆者註：被害者）については、慎重で貞操観念があるという人物像は似つかわしくないし、その証言には虚偽・誇張が含まれ

ていると疑うべき兆候があるといわなければならない」と判断、その後、被害者証言の信用性を個別・具体的に検討した結果、被告人を無罪としています。

**POINT**
　供述者の何気ない態度や供述の姿勢、ひいては裁判上あらわれる人物像からも供述内容の信用性は評価されている！

## 15　人物像と供述内容との整合性

　供述者の職業、経歴、年齢、生活状況等から窺える人物像を前提とした場合、およそそのような人物像からは説明がつきにくいと考えられる供述内容については、その信用性に疑義が生じる可能性があります。

　たとえば、先物取引勧誘時において、必ず儲かる旨の断定的な言辞による勧誘が先物取引業者の外務員からなされたかどうかが問題となった大阪高裁平成15年9月25日判決では、顧客である原告の職業、年齢等から伺える人物像を前提に、以下のように判断しています。

「原告は、小学校の教員という地味で堅実な職業にあり、老後の生活の安定を第一に考える年齢にさしかかっており、危険をおかしてまで投機取引で金儲けをしたいと思う人物とは考えにくいから、原告が先物取引を始めた上、〔5〕建玉（筆者註：〔1〕から〔5〕建玉までは原告の事前の明示的承諾に基づいて行われたと認定されています）まで取引拡大を承諾したのは、やはり、必ず儲かるという被告H（筆者註：外務員）の巧みな勧誘により、先物取引への投資がそれほど危険なことではないと思ったからであろう、つまり、必ず儲かるとの勧誘があったのであろうと考

えるのが自然であり、被告 H の供述には疑問がある。」

　また、解雇権の濫用が争点となった那覇地裁平成 22 年 4 月 14 日判決で
も、「原告（筆者註：被用者）が、同僚を睨みつけたり、無反応であったり、
噛みつかんばかりの態度をとったり、長時間ぽっとしていたり、攻撃的・
脅迫的な態度をとったというのは、原告の上司又は同僚の陳述書（乙 14
ないし 22）や R 1、R 3 及び T の各証言に基づく主張と解されるが、客観
的な裏付けが存するわけではなく、むしろ原告が仕事等で表彰されていた
こと（甲 1 ないし 3、17、18）などからうかがわれる原告の人物像とは必
ずしも一致せず、にわかに信用しがたい」としています。

　他方で、強制わいせつ行為の有無が争点となった仙台高裁秋田支部平成
10 年 12 月 10 日判決では、「被控訴人が、事件の前、二晩にわたって、酒
を飲みに出た後、控訴人を自分の部屋に誘い入れ、深夜まで長時間にわたっ
て話しの相手をさせたという行動についても、互いに配偶者及び子供を持
つ身であり、職場の上司と部下という関係にすぎない間柄としては、相当
な行為とは思われず、控訴人の心理を考えない自己中心的な軽率な行動で
あるとの感を否定できないのであり、被控訴人の供述の信用性を評価する
上で、マイナスに働く要素となっていることは否定できない」として、加
害者男性の自己中心的で軽率な行動が同人の供述の信用性にマイナス評価
を与えるものとしています。

　もっとも、一定の評価が与えられた人物が、必ずしもその人物像に沿っ
た行動をとるとは限らないため、これら人物像と供述内容の整合性につい
ても、それだけで供述内容の信用性が判断されるのではありません。上記
裁判例でも、「供述には疑問がある」、「にわかに信用しがたい」、「マイナ
ス評価を与える」とあるように、最終的な信用性の評価は、他の信用性を
減殺する事情等とも照らしあわせた上で考慮されるのが一般的です。

**POINT**

供述者の供述態度や姿勢、裁判上あらわれる人物像が好印象であれば、それに反する相手方の供述内容の信用性が減殺される可能性が高まる！

## 16　主張時期

　争点に直接関係する重要な供述内容については、訴訟提起後の段階においても、早期に主張しておくべきであり、時間が経過するに従って、その後になされる追加供述の信用性は低くなります。

　福岡地裁平成25年3月28日判決においても、「そもそも、原告X1が主張する上記やりとりは、原告X1の陳述書（甲B1−16）及び原告X1の供述以外に何らこれを裏付ける証拠が存在せず、同やりとりは、原告X1に係る本件訴訟係属後2年以上経過した段階で初めて主張された事実であることからすれば、これに関する原告X1の陳述書や原告X1の供述を直ちに信用することができない」と判断しています。

　同様に、争点に直接関係する事実関係に関し、記憶や印象に残りやすい行為などを、これまでの主張ないし陳述書では一切記載せず、反対尋問での質問に応じて事実を追加したり詳細化させても、直ちに信用性が認められるものではありません。このような供述は、辻褄合わせのために、臨機応変に供述を詳細化させているのではないかとの疑いを持たれやすいといえるからです。

**POINT**

争点に直接関係する重要な供述内容については、できるだけ早期に主張しておく！

**17　尋問時での供述**

## 1. 尋問時でのギャップ

　主尋問では歯切れよく、具体的に供述しておきながら、同様または関連する事実関係につき、反対尋問では具体的に供述できないような場合には、供述の信用性が減殺されやすいといえます。主尋問で質問される内容と回答を事前に覚えてきたに過ぎず、事実を自己の記憶に従って供述していないのではないかとの疑念が生じるからです。

　ワラント取引に関する説明義務違反が問題となった大阪地裁平成6年12月20日判決では、「また、被告O自身、反対尋問では、主尋問に対する供述とは違って、原告にいつワラントについての説明を行ったというのか、具体的に供述することができなかった」ことも考慮して、供述の信用性は相当に減殺する必要があると判断しています。

　同様に、陳述書では詳細に記載しておきながら、尋問では曖昧な供述しかできなかったような場合にも、陳述書が真に自己の記憶に従って記載されているのか、との疑いをもたれてしまうこととなります。

　たとえば、新薬の臨床試験の際のインフォームド・コンセント原則違反が争点となった名古屋地裁平成12年3月24日判決では、以下のように、被告医師の供述の信用性を否定しています。

「被告Oは、本件訴訟が提起される前新聞記者や放送記者から質問されて、花子に対し、「世の中に出ていない新しい薬を使うから了承してもらえるか、とは言ったはずだ。」とか、「何らかのかたちでね、これがまだ世の中に発売されていない薬であるってことは、なんらかのかたちで必ずいいました。」と言った程度の曖昧な弁明をしていたのであって、前記の陳述記載にあるように、本件治験薬やPVB療法で使用される薬

について個々に具体的な薬剤名を上げて説明したとか、第一相、第二相臨床試験の内容について説明した上、本件治験薬が治験薬として第二相の臨床試験の段階にある等といった具体的な説明をしたとは述べていなかったことが認められ、また、被告Оは、本人尋問においては、薬事法による承認前の治験薬について、花子に対しどのような言葉を使用して説明したかについて、具体的な記憶はないことを自認した上、一般的には、「これはまだ厚生省で認可の下りていない治験薬だ。」という表現をしていたので、多分そうしたと思う旨曖昧な供述をしていること（中略）、以上の事情に照らせば、花子に対する治療法等の説明や同意取得に関する前記陳述記載部分及び被告О本人の供述部分は、極めて不自然、不合理な内容であって採用することができない。」

## 2. ギャップが生じる要因

このように、尋問時において、それまでの主張内容との間に齟齬が生じたり、曖昧な供述となってしまったりする理由としては、

① 代理人弁護士と当事者本人との間に、事実関係を把握するに当たっての温度差が生じている（代理人弁護士は尋問時までに記録を十分に読み込んで、事実関係を事細かく頭に叩き入れるのに対し、当事者本人がそれを怠っている場合、もしくはその逆の場合）

② 事実関係が代理人弁護士の経験則やストーリー、意味づけ等によって汚染され、当事者本人が把握している事実関係との間に齟齬等が生じている場合

③ 当事者本人が事実の全部または一部を当初から正直に代理人弁護士に述べていなかった結果、何が本当の自分の記憶で、何を代理人弁護士に説明して主張していたのか、尋問時において本人自身わからなくなってしまった場合

などが考えられます。どれだけ事実関係を自己に有利となるよう取り繕ってみても、最終的にはボロが出てしまうのであり、その場合に供述の信用性に与えるダメージは計り知れないものがあります。

　なお、以下のとおり、そもそも反対尋問を経ていない者の陳述書自体を事実認定に用いることはできない、つまり証拠として採用することができないとした裁判例も存在します。

「また、本件の争点に照らし被告乙山の当事者尋問申請がないのは不可解であるというほかなく、そのような事情の下で反対尋問を経ていない被告乙山本人の陳述書を事実認定に用いることは不相当である。よって、被告乙山本人の陳述書（乙イ61）は採用することができない。」（東京地判平成 19 年 2 月 26 日）

「反対尋問を経ていないＣ、Ｌその他Ｋ社の関係者の陳述書・供述調書の記載を採用してＥの不正行為への関与を認定することは困難であり、Ｅが売買代金額や売買の目的物について被告Ｂに対しことさら虚偽の事実を告げて同被告を欺罔したという事実を認めることはできない。」（東京地判平成 24 年 2 月 17 日）

**POINT**

　真に自己の記憶に沿ったものではなく、その場しのぎの陳述書の記載や主尋問での対応はいずれボロが出やすい！

# 18　伝聞証拠

　民事裁判では、いわゆるまた聞きや、供述者の陳述が録取された書面である伝聞証拠についても、証拠能力は認められていますが、一般的に証拠価値は低いとされています。たとえば、医師の説明義務違反が争点となった大阪高裁昭和 61 年 7 月 16 日判決では、「証拠には、右認定に反する記載があるが、同号証はそれ自体伝聞にすぎないうえ、同医師が被控訴人の腹部にある本件手術跡を見ていながら、再妊娠の有無について被控訴人と話をしたことはないとするなど、不自然な点もあり、右判断を覆すに足りない」と判断しています。また、司法書士等の調査義務等が争点となった東京地裁平成 24 年 7 月 23 日判決では、「本件記事（前提事実（10）参照）は、それ自体が伝聞証拠にすぎない上、本件記事を執筆した記者が面談したのが自称E本人であることを裏付ける証拠もなく、これをもって、Cの上記陳述及び供述の信用性が補完されるとみることはできない」とするなど、伝聞証拠自体の信用性の低さを前提にその他の信用性を判断していることが伺えます。

　なお、民事訴訟規則第 115 条第 2 項第 6 号では、正当な理由がある場合を除き、証人が直接経験しなかった事実についての陳述を求める質問を禁止しています。

**POINT**
　供述録取書よりも作成者本人の報告書、意見書など、争点に関連する証拠の証拠価値を高める努力を忘れない！

# 客観的状況・証拠との符合・矛盾

　一般的に供述証拠は、その供述者が体験した事象についての認識の程度、記銘力の強弱、記憶の劣化、混乱、欠落、勘違い、その他諸事情の影響を受けやすく、たとえ経験した事項を自己の記憶どおりに正直に供述したとしても、どこかで変遷や矛盾が生じたり、曖昧な供述となったり、一貫性、整合性に欠く供述となってしまう可能性が高いといえます。逆に、虚偽の供述であるにもかかわらず、いかにも信用性が高いように取り繕うこともやりようによっては可能でしょう。そのため、争点の立証が当事者の供述内容に大きく依拠せざるを得ないような事案のような場合には特に、その真偽を上記「供述内容・態度等に着目した分析」の結果だけで判断してしまうことは相当とはいえません。

　上記趣旨は、ホテルの一室でのセクハラ行為の有無、態様等が問題となった前記秋田地裁平成 9 年 1 月 28 日判決においても、以下のように述べられています。

「一般的に供述証拠は、その供述者が体験した事象についての認識の程度、記銘力の強弱、記憶の劣化、混乱、欠落、勘違い等のほか、その事実を正直に供述することを不都合とする事情の存在によって、供述部分毎にその信用性に差異がある場合もあるから、単に供述全体の優劣だけで直ちにその全体を推し量るのは相当ではない。したがって、このような相対立する右各供述の信用性を検討するにあたっては、供述自体の一般的な特徴や傾向にだけ頼るのではなく、他の客観的な証拠や状況をも検討

し、経験則に照らしての合理性を考えていくべきである。」

　また、刑事事件に関するものですが、被告人が、夜間、駅前付近の歩道を通行中の女性（当時18歳）に対し、暴行、脅迫を加えてビルの階段踊り場まで連行し、強いて姦淫したとして強姦罪に問われた事案で、原判決及び第1審判決を破棄し、無罪判決をいい渡した最高裁平成23年7月25日判決では、以下の補足意見が述べられています。

「供述の信用性が大きな争点となる事件において、多くの場合、信用性の吟味に際しては、供述内容に一貫性があるか、反対尋問にも揺らいでいないか、証言態度が真摯なものであるか、内容に迫真性があるか、虚偽の供述をする合理的な動機があるか等が判断の要素となると指摘されている。これらの点は、当然、重要な判断要素であり、その吟味が有用であることは疑う余地はない。これは、証人尋問を直接行った第1審での判断が基本的に尊重されるべきであるとされるゆえんでもある。

　しかしながら、これらは、供述者の証言態度等についてのものであるから、常に的確な判断ができるかは、刑事裁判のみならず、民事裁判においてもしばしば問題になるところであり、供述態度が真摯で供述内容に迫真性を有し、いかにも信用性が十分にありそうに見えても、書証等の客観的証拠や事実と照らして、そうでないことに気付かされることもあるのであって、慎重で冷静な検討が常に求められる事柄である。特に、本件のような、客観的で決定的な証拠が存在しない場合には、上記の観点から信用性を肯定し一気に有罪認定することには、常に危険性が伴うことに留意する必要がある。

　本件においては、以下に詳述するように、証拠によって認められる様々な周辺の事実や本件犯行が行われたとされる現場の状況といった客観的に明らかであると思われる事実と被害者の供述内容が符合し矛盾がないのか、そこに疑問を差し挟む余地はないか、どの程度のどのような内容

の疑問やそごが生じており、それを考慮した上でもなお、供述の信用性を認めることができるか、信用性を認めるとしても、どの程度の、あるいはどの部分について信用性を認めることができるか、等を慎重に、丁寧に、予断を挟まずに吟味する姿勢が求められるところである（例えば、最高裁平成 19 年（あ）第 1785 号同 21 年 4 月 14 日第三小法廷判決・刑集 63 巻 4 号 331 頁の那須裁判官の補足意見がこの点を指摘している。）。そして、当審においても、以上のような観点から、その信用性を認めそれに基づき犯罪事実を認定することが経験則等の観点からみて、自由心証主義の限界を逸脱しているといえるか否かを検討していくことになる。」

　このように、供述の信用性を検討するに当たっては、供述内容・態度等に着目した分析だけでなく、客観的状況・証拠との符合・矛盾、及び経験則に照らしての合理性についても考慮した上で、慎重かつ丁寧に行う必要があります。

　以下、説明義務違反、断定的判断の提供、詐欺、セクハラ、密室での暴行等、争点の立証が供述証拠に大きく依拠せざるを得ない、非常に主張・立証が困難な案件を中心に、客観的状況・証拠との符合・矛盾が問題となった裁判例を紹介、検討します。

**POINT**

　相対立する各供述の信用性を検討するにあたっては、供述自体の一般的な特徴や傾向にだけ頼るのではなく、他の客観的な証拠や状況をも検討し、経験則に照らしての合理性を考えていく！

# 1　客観的状況との符合・矛盾

## 1. 供述内容と客観的状況との符合

　県立病院に勤務する担当看護師による性的暴行の有無等が争点となった水戸地裁龍ヶ崎支部平成13年12月7日判決では、以下のとおり、原告（通院患者）の供述内容が、当時の客観的状況にそぐわないとして信用性減殺の要因の1つとしています。

「まず、平成8年7月の不法行為に関しては、乙14号証によれば、原告のアパートは、2階建てで各階4部屋ずつのモルタル造りの建物の1階の1室であったことが認められ、構造上部屋の中で大きな物音がすれば隣の部屋に聞こえ、外部から部屋の中を見ることも可能であったと考えられるところ、原告の供述によれば、最初に被告とアパートで性関係を持った際、隣の部屋の住人が外で水まきをしていたというのであるから、被告が原告を和室に投げ倒し、カーテンを開けたまま原告の下半身を裸にしたとか、声を出していいんだと述べたというのは当時の客観的状況にそぐわない。」

　また、さきほどの最高裁平成23年7月25日無罪判決においても、暴行・脅迫を受けたとする女性Aの供述内容については、当時の客観的状況と照らし合わせた結果、以下のとおり、容易に信じ難いとしています。

「Aは、午後7時10分頃、人通りもある駅前付近の歩道上で、被告人から付近にカラオケの店が存在するかを聞かれ、それに答えるなどの会話をしている途中で突然「ついてこないと殺すぞ。」と言われ、服の袖をつかまれ、被告人の手を放した後も、本件ビルの階段入口まで被告人の後ろをついて行ったと供述する。しかし、その時間帯は人通りもあり、

そこから近くに交番もあり、駐車場の係員もいて、逃げたり助けを求めることが容易にできる状況であり、そのことはＡも分かっていたと認められるにもかかわらず、叫んだり、助けを呼ぶこともなく、また本件現場に至るまで物理的に拘束されていたわけでもないのに、逃げ出したりもしていない。これらのことからすると、「恐怖で頭が真っ白になり、変に逃げたら殺されると思って逃げることができなかった。」というＡの供述があることを考慮しても、Ａが逃げ出すこともなく、上記のような脅迫等を受けて言われるがままに被告人の後ろを歩いてついて行ったとするＡの供述内容は、不自然であって容易には信じ難い。また、Ａは、本件現場で無理矢理姦淫される直前に、被告人やＡのいる 1 m 50cm 程度のすぐ後ろを制服姿の警備員が通ったが、涙を流している自分と目が合ったので、この状況を理解してくれると思い、それ以上のことはしなかったと供述している。しかし、当時の状況が、Ａが声を出して積極的に助けを求めることさえ不可能なものであるかは疑問であり、強姦が正に行われようとしているのであれば、Ａのこのような対応は不自然というほかなく、この供述内容も容易に信じ難い。」

　なお、上記 2 つの裁判例は、いずれも性的暴行、強姦に起因する受傷が存在したとは認められていない事案に関するものです。
　さらに、商品先物取引の外務員による違法な勧誘や詐欺的言動が不法行為に当たるとして、個々の売り買いについて顧客の事前の明示的承諾があったかどうかが問題となった大阪高裁平成 15 年 9 月 25 日判決では、以下のとおり、外務員の供述内容が、当時の客観的状況にそぐわないとして、信用性減殺の要因の 1 つとしています。
「商品取引所における先物取引は、値動きが激しく、わずかの値動きでも多額の売買損益が生じる投機性の高い取引であり、顧客としては、当該商品を巡る様々な社会事象や時々刻々変化する相場の状況を把握し、相

場に関する予測を立て、自己の資力をも勘案した上で、その場その場の
迅速な判断を下すのでなければ、取引業者（取引所における取引員）の
外務員に対し、適切な取引の指図などできない。ところが、原告は、小
学校教員であり、平日の昼間に行われる取引所の相場の状況を時々刻々
自ら把握することなど不可能であったし、商品先物取引の経験も全くな
かったのであるから、被告Ｈ（筆者註：外務員）からの教示に頼って取
引を行うしかなかったはずである。しかし、原告としては、職場の同僚
がいる前で、被告Ｈとの電話により、当日の中部ガソリンの値動きや
相場の予測に関する詳細な会話を交わしたり、被告Ｈに売買に関する
具体的な指示を行うことも困難であったといわざるをえない。そうする
と、原告の職業や取引経験の無さに照らし、本件取引の個々の売り買い
全部について原告の事前の明示的承諾があったとは考えにくい。」

## 2. 経験則への問題意識

　供述内容と当時の客観的状況との照らし合わせといっても、これら裁判
例では、供述内容から窺える事実等と客観的状況とのダイレクトな符合・
矛盾を問題としているのではなく、当時の客観的状況を前提とした場合に、
供述どおりの事実等があったとする蓋然性は低いとの経験則を経由した判
断がなされていることに留意すべきです。そして経験則といっても人間行
動に関する科学的な法則は存在しない以上、客観的状況との照らし合わせ
においても、その信用性判断には自ずと限界が存在します。
　現に上記最高裁平成23年7月25日判決での反対意見では、以下のとお
り、多数意見と異なる経験則が述べられています。なお、同趣旨のことは、
以下の客観的証拠との符合・矛盾に関してもいえることです。
「多数意見は、脅迫行為等に関するＡの供述が状況等から見て不自然であ
るとする。しかしながら、通行人が相当数ある路上で脅迫行為、時には

暴行も行われることはまれではない。また、性犯罪においては、被害者（多くの場合女性）が、威圧的な言動により萎縮して抵抗できなくなる場合が少なくないのが実態であって、警戒していない相手が、態度を豹変させて、粗暴な威圧的言動を示すと、恐怖を感じ、パニックに陥るのはよくあることである。女性を萎縮させ、心理的に抵抗ができない状態に追い込むには、多くの場合、粗暴な威圧的態度を示すのみで十分であることは、つとに指摘されているところである。（中略）警察官がすぐ近くにいても助けを求めることができないことも珍しくないのであって、交番が近くにあるということにさして意味はない。被害者としては、周囲の者が怪しんで声を掛けるなどしてくれ、犯人が断念することを願うにとどまることも多い。通行人がいる路上であるから脅迫行為が行われることは通常考えられないとか、容易に逃げたり助けを求めることができる状況があるのに被害者がこれらの行動に出ないには不自然である、あるいは抵抗を試みていないのは不自然であるというような考えは、一見常識的には見えるものの、この種犯罪の実態から乖離したものであって、現実の犯罪からはそのような経験則や原則が導かれるものではない。このようなことは、性犯罪に関する研究等においてもしばしば指摘されているところであり、多くの性犯罪を取り扱う職務に従事する者の共通の認識となっているといえる。」

**POINT**

当時の客観的状況を前提とした場合に、供述どおりの事実等があったとする蓋然性が経験則によって判断される場合には、その経験則自体が妥当かどうかとの問題意識を忘れない！

## ② 客観的証拠との符合・矛盾

　供述内容が客観的証拠と符合するかどうかは、その信用性の判断に当たり大きな影響力を与えるものです。以下、受傷状況、取引関連書類、カルテ・看護記録等、日記、メール、再現実験報告書など、裁判例で取り上げられた客観的証拠をもとに、供述内容の信用性がいかに検討されているかについて説明します。

### 1. 受傷状況

　大阪地裁堺支部平成 6 年 7 月 13 日判決は、道路交通法違反（共同危険行為等の禁止違反）被疑事実で逮捕され、取調べを受けていた原告が、取調べに当たった大阪府警察本部所属の警察官から暴行を受け負傷したとして、被告大阪府らに対し慰謝料等の損害賠償を求めた事案です。被告大阪府らは、原告が自傷行為に及んだもので警察官による暴行の事実はないと主張しました。同判決では、原告の受傷部位からは、担当警察官らの供述内容どおりの事実を導くことは困難として、供述内容の信用性を否定し、担当警察官が原告を立たせた上で原告のみぞおちの下付近をいきなり左手拳で突き上げるように 4、5 回続けて殴打、そのはずみで右回りの状態で北側のコンクリート壁に右前額部を打ちつけたと認定しています。

「前記認定のとおり、左右前額部の傷は、前額部の中央ではなく、前額部の左右のしかも髪の生え際に位置する。鑑定の結果及び証人 K の供述によれば、直立している人が壁に向かって衝突した場合、壁に当たる部位は両眼瞼上縁、鼻尖部、頬骨体部であり、左右前額部に傷ができるとは考えられず、右の位置に傷ができるには、やや前屈した姿勢をとったうえ頭部を左右に斜めにした状態で壁に打ちつける必要があることが認

められる。証人 S 及び被告甲野の各供述によると、原告は合計 4 回に
わたって東側或いは北側の壁に額を打ちつけたというのであり、また、
証人 S 或いは被告甲野の各供述中には、被告甲野が原告の腰に手をか
けて壁から離そうとした際に、原告が右に回るようにして前額部を壁に
打ちつけた旨の供述部分があるほかは、原告がことさら前屈した姿勢を
とった旨の供述部分はない。原告が直立した状態であったとすれば、傷
の位置が高すぎる。また、「俺、知らんわい。」、「死んだら、ええんやろ。
死んだるがな。」と叫ぶほど興奮した人間が、わざわざ前屈みの姿勢を
とって前額部中央ではなく左右の髪の生え際を打ちつけたというのは不
自然であって、被告甲野が原告の腰に手をかけて原告の姿勢が低くなっ
た際に 1 回前額部を壁に打ちつけた可能性があるとしても、前額部の傷
が 2 つとも前記の部位に存在し、かつ、両眼瞼上縁、鼻尖部、頬骨体部
を打った事跡がないことの説明は困難である。」

　なお、受傷状況は、暴行の翌々日になされた裁判官による検証によって
正確な記録が残されるに至っています。
　同判決は、供述内容から伺える事実等と客観的証拠とのダイレクトな符
合・矛盾を問題としているため、それに反する供述内容の信用性は大きく
減殺されることとなります。逆に、供述内容と客観的証拠とが符合してい
る場合には、その供述内容の信用性が高く認められることとなります。

**POINT**
まずは、客観的証拠との符合・矛盾を意識する！

## 2. 取引関連書類

### 1 供述内容と客観的証拠との符合

　青森地裁八戸支部平成 25 年 11 月 27 日判決は、銀行員による投資信託勧誘行為に適合性原則違反、説明義務違反、断定的判断の提供があったかが争点となった事案です。

　同判決では、投資信託に関する投資信託募集・購入申込書兼申込金受付書兼確認書、投資信託保護預り口座設定申込書兼申込確認書兼告知書、目論見書受取書、説明事項ご確認書、お客さまカードについては、眼鏡をかけておらず細かい文字も読めなかった、銀行員を信用していたのでいわれるままに記載したとの原告の供述に関し、「文字がほとんど見えない状況では、仮に言われるがままに記入したとしてもはっきりした文字の記入、的確なチェックの記入は困難と思われるところ、小さな四角のチェック欄にぶれることなくチェックを入れることができているし、数字も記入できていることなどに照らすと視力に関する供述にも疑問が残る。」として、信用性を否定する要因の 1 つとしています。

　また、東京地裁平成 25 年 3 月 25 日判決は、証券会社担当者の取引勧誘に適合性原則違反、説明義務違反、損害拡大防止義務違反があったかが争点となった事案です。

　同判決では、A 商品及び B 商品につき EU 加盟国の国債をパッケージしたものであり、3 ないし 5 ％の利息がでること、リスクがないことの説明を受けたとの原告の供述に関し、「A 商品概要 Ver.1 及び同 Final、B 商品概要 Ver.1 及び同 Final のいずれにもそのように解し得る記載は存在しない。そうである以上、前記各資料を交付した H 4 において、原告代表者の供述するような内容の説明をしたとは考え難いし、前記 2 （2）エのとおり、原告代表者が相当豊富な証券取引に関する知識及び経験を有していたと考えられることからすれば、仮に上記のような説明が H 4 からなされた

としても、原告代表者がそれを鵜呑みにするとも思われない」として、信用性を否定する要因の1つとしています。

　同様に、証券会社の担当者に適合性原則違反、説明義務違反、断定的判断の提供があったかが争点となった神戸地裁尼崎支部平成15年12月26日判決では、購入した商品は銀行預金と同じものと思っていた、パンフレットには何％かの利率が得られると読めるような記述もあったとの原告の供述に関し、「パンフレットの内容は株式に投資することを大きな活字を使用して明記しているものであるから、これを読んだ者が当該商品を貯蓄であると誤解するとか、投資信託であることを認識できないとかいうことは、およそ考えられない。更に、これらのパンフレットには、確定利率を約束したかのような記載はもちろん、予想利回りの記載すら見当たらない」として、信用性が減殺される要因の1つとしています。

　最初の青森地裁八戸支部平成25年11月27日判決は、供述内容（細かい文字を読めなかった）と客観的証拠（チェック欄等への記入）とのダイレクトな符合・矛盾を問題としているといえますが、残り2つの裁判例では、取引関連書類の記載内容を前提とした場合に、供述どおりの事実等があったとする蓋然性は低い、すなわち、取引関連書類に記載のない事項に関する説明は通常なされないとの経験則を経由した判断がなされているといえます。

## ❷ 経験則への問題意識

　なお、外国為替証拠金取引の仲介会社が顧客に虚偽の説明を行ったかが争点となった札幌地裁平成15年6月25日判決では、「書面であえて説明しないか、あるいは不明確にしていることを、口頭ではきちんと説明しているなどという供述は容易に信じがたい。口頭できちんと説明するのなら、書面でももっと丁寧に記載するはずである。あるいは、仮に口頭で説明するとしても、口頭なら顧客に容易に理解できないであろうことを狙って

のことであると推認される」としています。

　もっとも、取引関連書類といっても様々なものがあり、口頭で説明すべき事項をすべて書面に記載すればかえってわかりにくくなってしまうことからあえてポイントだけを記載する書類もあり得ます。また、業界の取引慣行や実際の運営等によっても、どの程度まで詳細に記載すべきかどうかは微妙に異なるところです。そのため、「書面であえて説明しないか、あるいは不明確にしていることを、口頭ではきちんと説明しているなどという供述は容易に信じがたい」という経験則が常にすべての取引関連書類に妥当するものではなく、作成者の意図、業界ごとの取引慣行、実際行われている取引や説明内容、その他運営状況等に応じて変わっていくものであることに留意すべきです（加藤新太郎編『民事事実認定と立証活動 第Ⅰ巻』判例タイムズ社、2009年、349～350頁参照）。

---

**POINT**

　経験則については、それぞれが属するフィールドを踏まえて、何が問題とされているのか、その根拠は何か、どの程度確立した経験則なのかについて留意する！

---

## 3. カルテ・看護記録等

### ❶ 信用性の高い報告証書

　書証は処分証書と報告証書とに分類され、処分証書とは、契約書、手形、遺言書、解約通知書など、意思表示その他の法律行為を記載した文書をいい、報告証書とは、商業帳簿、日記、議事録、手紙、メールなど、作成者の見聞、判断、感想、記憶などが記載された文書をいいます。カルテ、看護記録は医師や看護師の見聞、判断等が記載された文書として報告証書に該当します。

　報告証書の証拠価値はその作成者、作成時期、文書の内容・性質などによって大きく異なりますが、通常の業務の過程において作成された診断書、看護記録等については、経験則上、虚偽が介在する可能性が低く、患者の状態や処置、説明等がなされたとおりに記載されているものとして、証拠価値は高いとされています。

　そのため、カルテに記載された症状、所見、病名、主要症状、治療方法（処方及び処置）、患者や家族に対する説明内容や、看護記録に記載された看護実践の内容・方法、患者の身体状況等については、カルテや看護記録に記載されたとおりであり、記載のない事項については処方、処置、説明等がなされていないと推認されることとなります。

　たとえば、硬膜外麻酔を行うに当たり、放射痛の有無を確認することなく硬膜外穿刺・カテーテル挿入の手技を継続したとの過失が争点となった東京地裁平成 20 年 7 月 25 日判決では、「硬膜外針やカテーテルが 10 回近くも神経に触れれば、その度に瞬間的な体動を繰り返し起こしているはずである。そして、硬膜外麻酔の際に患者が瞬間的な体動を起こしたことは、神経損傷が生じるおそれがあることを示す重要な事実であり、こうした事実があったにもかかわらず、医師あるいは看護師がそのことをカルテに記載しないということは通常は考え難いところである。にもかかわらず、被告病院の原告に関するカルテ（乙Ａ１）には、原告が硬膜外麻酔の手技の際に瞬間的な体動を起こしたとの記載はないのであるから、原告の上記供述は、客観的裏付けを欠くものといわざるを得ない」として原告の供述の信用性を否定しています。

　同様に、他の選択可能な療法との利害得失に関する医師の説明義務違反が争点となった東京地裁平成 18 年 12 月 8 日判決では、以下のとおり、カルテに記載された内容以上の説明はなされていないとして、医師の供述の信用性を否定しています。

「これに対し、Ｌ医師は、上記 1 （2）オのとおり、原告が 7 月 13 日に

A医大病院を訪れた際に、局所療法を選択すること及びその理由、放射線療法及び全身化学療法のデメリットについて説明した上で、動注化学療法を第一選択とすることを説明したと陳述する（乙A10〔1ないし3〕）。しかし、同日の診療録には家族に説明をしたこと及び動注化学療法について説明したとの極めて簡潔な記載があるものの、それ以外の記載はなく（乙A2〔27〕）、上記入院診療計画書が同日付けで作成されていることからすると、結局、この日の説明は同計画書の内容以上のものであったとは認められず、放射線療法及び全身化学療法のデメリットについて説明したとの上記Lの陳述は信用できず、他にこの点についてA医大病院の医師が説明したと認めるに足りる証拠はない。」

## ② 経験則への問題意識

　もっとも、カルテや看護記録に関し、虚偽が介在する可能性が低く、患者の状態や処置、説明等が事実なされたとおりに記載されているとの経験則についても例外が存在します。東京地裁平成18年12月8日判決では、以下のとおり、カルテ等に症状に関する記載がないとしても、原告供述の信用性が減殺されるものではないとしています。

「他方で、D病院の診療録等には上記の症状をうかがわせる記載はない。しかし、同病院の看護記録には、個々の患者ごとの日誌的な記載部分がなく、いわゆる温度板に意識レベル等の項目化された記載があるにすぎず、病棟管理日誌等にも亡Bの状態につき極めて簡潔な記載しか存在しない。しかも、上記のように意識レベルの低下や歩行ができなくなるなど手術前とは明らかに異なった状態が生じているにもかかわらず、これを問題視した形跡もない。これらのことからすれば、D病院における患者の状態についての記録の正確性、ひいては、同院において、患者の状態の把握等の看護自体が適切に行われていたかについて、疑問を抱かざるを得ず、同病院の記録中に上記の症状に関する記載がないことは、原

告の陳述及び供述の信用性を減ずるものではない。」

　また、福岡高裁平成 13 年 6 月 7 日判決でも、以下のとおり、カルテに
告知の記載がないことをもって患者に対する告知がなかったとはいえない
としています。

「確かに、花子のカルテには、そのころ控訴人乙川が被控訴人 T に花子
　の病名を告知した旨の記載は存在しない（乙 163）。しかし、原審での控
　訴人乙川によれば、同人が病気が悪性であることを告知したカルテに記
　載するのは、患者と主治医との間にトラブルがあって将来的に問題が起
　きそうな場合や、手術で十分に除去できると考えられていたものの、結
　果として除去できなかった場合であることが認められ、これらによれば、
　控訴人乙川が告知の事実をカルテに記載するのは例外的な場合というこ
　とにならざるを得ないから、カルテに記載がないという一事をもって、
　告知していないとはいえない。」

　このように、問題となる事項がカルテに記載されていないからといって
そこで諦めるのではなく、医療関係界や病院での慣習、医師の特徴など、
個別具体的に検討する必要があります。

> **ＰＯＩＮＴ**
> 　一般的に証拠価値が高いとされる報告証書についても、当該事案における特殊
> 事情を丁寧に拾い上げた上で証拠価値の再検討を行ってみる！

## 4. 日記

### ■ 原審での判断内容

　日記も報告証書に該当するところ、その証拠価値は作成者、作成時期、文書の内容・性質などによって大きく異なります。

　薬局の男性経営者による女性事務員へのセクハラ行為の有無が争点となった福岡高裁平成 19 年 3 月 23 日判決では、双方の主張・供述が真っ向から対立するなかで、女性事務員の供述以外で裏付けとなる証拠としては、男性経営者からセクハラ行為を受けた際のことが記載されているという日記（本件ノート）と、証人が女性従業員に電話を掛けた際に、携帯電話を通して男性経営者が女性事務員に対して卑猥なことをいっている声が偶然聞こえたとの証人作成の文書及び証言だけでした。

　原審の福岡地裁平成 17 年 3 月 31 日判決は、本件ノートの信憑性に関し、その内容や体裁からみて、男性経営者に対する裁判の証拠として提出する目的で書かれたものではないとして、おおむね事実に沿った記載がされているものと推認できると判断しました。

### ■ 控訴審での判断内容

　他方で、控訴審である福岡高裁平成 19 年 3 月 23 日判決では、本件ノートが裁判の証拠として提出する目的で事後的に作成されたものというには躊躇を覚えざるを得ないとしつつ、以下の理由により、本件ノートはいわゆる日記としては異例の形式のもので、大学の卒業、就職あるいは両親の離婚などに直面していた女性従業員が、自分の気持ちを整理し、自らを鼓舞するために記したものとも考え難いとして、本件ノートの証拠価値は必ずしも高いとはいえないとし、これにより女性従業員の主張するセクハラ行為が行われた事実を推認することはできないと判断しました。

　①　本件ノートには、身内のことを除くと男性経営者のことばかりが記

載されており、女性従業員の原審における供述によれば、同女は当時卒業を控えた大学 4 年生で就職に直面していたほか、両親の離婚問題もあり、また、友達と遊びに行ったり、悩みを相談したりしていたというのに、本件ノートにはこれらの点に関する記載がほとんどないこと。

② 　本件ノートは雇用時の平成 13 年 9 月から、男性経営者によって解雇される平成 14 年 3 月 22 日ころまでのことにつき記載されているが、同ノートの平成 13 年 11 月 30 日より以前の部分は、同月 4 日を除いて日付の記載がなく、「面接 2 回目」、「はじめてのお仕事」、「ちょっぴり母とケンカ」、「今日で 5 日目であるの日」、「歓迎会の日」などといった形で記載されており、その記述も解雇直前で終わっていて、それ以降の記載がまったくないこと。

③ 　複数の日にわたる記述の外見的な印象が似通っており、これらを同一日にまとめて記載した可能性を排斥できないこと。

なお、証人作成の文書や証言の信用性についても、以下の理由によりにわかに信用し難いとしています。

① 　証人作成とされる文書の作成過程に関して供述の変遷があり曖昧であったこと。

② 　電話越しに女性従業員に対するセクハラ発言が聞こえたことを証人が女性従業員に伝えたと証言しているところ、記憶に残って然るべきである女性従業員の反応について記憶にないと証言していること。

③ 　女性従業員及び証人の使用していた機種を使用しての再現実験では、外部から携帯電話を通して本件薬局内の会話を聞き取ることはできなかったこと。

④ 　証人が会話を聞いたとする日から 7 か月以上も経過しているにもかかわらず、女性従業員との突き合わせもせず、多岐にわたる男性経営者の発言を正確に記憶していたというのは不自然であること。

　控訴審ではさらに、セクハラによる過呼吸の発症時期に関する女性従業員の供述が診療情報提供書記載の客観的事実に反していることや、女性従業員がセクハラ行為によってＰＴＳＤを発症し、車を運転することもできない、電車やバスも怖くて乗れないと原審で供述していたにもかかわらず、単身自動車を運転し勤務先と思われる場所に通うとともに、スーパーで買い物をしている様子が撮影された証拠が提出されるなど、女性従業員の供述の信用性が減殺される事情が付加されています。

　そのため、控訴審における本件ノートの証拠価値の判断に当たっても、証人作成の文書・証言の信用性や控訴審で明らかとなった女性従業員の供述に関する信用性に対する疑念が相当程度、影響したものと考えることができます。

**ＰＯＩＮＴ**

　報告証書の証拠価値については、作成者（信用性の高い人物によって作成されているかどうか）、作成時期（裁判の証拠として事後的に作成されたものかどうか）、その内容・性質（日々の出来事が特定事項に偏ることなく、事件の前後を通じて、日付とともにそのつど、真摯に記載されているかどうか）等を考慮した上で判断される！

## 5. メール

　メールも報告証書に該当するところ、リアルタイムで作成されたものであることから事後的に作成された文書に比べれば信用性は高いといえます。もっとも、連続するメールのやりとりの中で、メールの一部だけを切り出して証拠として提出する場合には、情報の断片化が生じ、意味が不明瞭となったり誤解を与えたりする危険性が指摘されています（加藤新太郎編『民事事実認定と立証活動　第Ⅰ巻』判例タイムズ社、2009 年、73 〜 75 頁）。

事案の全体像を理解するためにも一連のメールすべてを提出することが望ましく、相手方から断片的なメールが提出された場合にも、一連のメール全体の提出を求めるべきです（加藤新太郎編『民事事実認定と立証活動　第 I 巻』判例タイムズ社、2009 年、75 頁）。

> **POINT**
> 　メールを証拠として提出する場合には、その一連の流れに関するすべてのメールが最終的には明らかになる可能性が高いことを前提に、証拠提出すべきかどうかを検討する！

## 6. 再現実験報告書

　当時の状況を再現した実験結果報告書も報告証書となりますが、再現実験は、その前提条件が異なれば自ずと実験結果にも影響を与えることとなります。つまり、その前提条件自体が、当事者その他関係者によって正確に把握されフィックスされているかという問題です。

　この点、ホテルの 1 室での強制わいせつ行為の有無・態様が問題となった仙台高裁秋田支部平成 10 年 12 月 10 日判決では、被害者女性の供述に基づく被害態様は、当該ホテルの部屋での再現実験結果によれば実現不可能であるとの加害者男性の主張に対し、そのような再現実験結果によって被害者女性の供述が虚偽であると断定することはできないとしています。

「しかし、もし事件の内容が控訴人（筆者註：被害者女性）主張のようであるとすれば、被害者として予期しない暴行を瞬間的に受けて狼狽し、感情的に混乱することは容易に予想されるから、自己が受けた暴行の態様を正確・詳細に説明し、再現することができないとしても不自然ではないというべきである。しかも、本件で、控訴人の供述から判明することは、被控訴人と控訴人が向かい合った状態で、被控訴人が控訴人の両

腕をつかんでベッドに倒していったため、控訴人が下、被控訴人が上となる形で二人ともベッドに倒れたということだけであって、それ以上には、両者の向き合っていた正確な角度、両者の間の正確な距離、両者とベッドとの間の正確な距離、被控訴人がつかんだ控訴人の腕の正確な位置、どちらの腕でどの程度の力を加えて倒して行ったのか、倒れる際に体重をかけたのかどうか、まっすぐ倒れたのか多少でも体を捻りながら倒れたのか、など詳細は不明であり、厳密には、これらの状況次第によって無数の行為態様が想定できるものであるから、被控訴人のいう実験は、このうち一つの態様を試みたらできなかったというに過ぎないものであって、到底、右実験結果によって、控訴人の供述を虚偽であると断定することができるものではない。」

　なお、県立病院に勤務する担当看護師による性的暴行の有無等が争点となった水戸地裁龍ヶ崎支部平成 13 年 12 月 7 日判決では、原告である被害者女性自身が行った再現実験に関し、「原告が、前記ビデオテープにおいて、あらかじめ用意した台本のような書類を読みながら当時の状況を再現しているのは、被害体験の有無について根本的な疑問を抱かせる。」とし、そもそもの前提条件（被害態様）自体が被害者女性の記憶に基づくものであるかどうかという点で、被害者女性の供述内容の信用性に根本的な疑問があるとしています。

## ＰＯＩＮＴ

　再現実験報告書の証拠価値は、実験の前提条件が当時の客観的状況と符合した正しいものであるかによって大きく影響を受ける！

# 経験則との照らし合わせ

　経験則とは、一般的に、人間生活における経験から帰納される一切の法則であって、一定の条件の下において期待することができる結果を表現する仮定法則と理解されています。具体的には、自然現象を科学的方法により経験し観察して帰納される自然法則、人間の思考作用を支配する論理の法則、数学上の原理、社会生活における道義・条理・慣例、取引上の慣習等、学術、芸術、技術、商業、工業等その他あらゆる生活活動に関する一切の法則を包含する一般概念とされ、簡単な物理法則、複雑な医学・物理法則、いわゆる社会常識、業界の取引慣行の４つに分類する立場があります（加藤新太郎編『民事事実認定と立証活動　第Ⅰ巻』判例タイムズ社、2009 年、346 ～ 349 頁）。

　ここでは、これら経験則のうち、人間の思考作用を支配する論理の法則、社会生活における道義・条理・慣例等と、業界（投資信託、商品先物取引等）の取引慣行に焦点をあて、主に、説明義務違反、断定的判断の提供、詐欺、セクハラ等が争点となった裁判例で用いられた経験則を紹介します。

　なお、民事裁判で問題となる経験則の多くは、一定の前提事実があれば必ずある結果が生ずるというような法則（必然性のある経験則）ではなく、一定の前提事実があれば通常ある結果が生ずるというような法則（蓋然性のある経験則）や、一定の前提事実があればある結果が生ずることがあるというような法則（可能性の経験則）です[2]。特に、人間行動の観察に基づく経験則の場合には、実際には様々な要因によって行動を変えることがあ

りますので、経験則に反することから直ちに信用性が認められないというのではなく、個別具体的な事案に応じ、経験則に反する事態となっていることに関して具体的かつ合理的な理由が存在するのか、それを基礎づけるに足りる証拠や間接事実があるかという点を丁寧かつ慎重に主張・立証する必要があります（加藤新太郎編『民事事実認定と立証活動 第Ⅰ巻』判例タイムズ社、2009年、332 ～ 333・349頁）

**POINT**

　実際に問題となる経験則の多くは必然性のある経験則ではないため、経験則の具体的な内容や根拠、その射程範囲が個別案件にも妥当するのか、経験則に反すると思われる言動がある場合であっても、当該言動に関する具体的かつ合理的な理由の有無、それを基礎付けるに足りる証拠・間接事実があるかを丁寧に検討してみる！

## ① 人間の思考作用を支配する論理の法則、社会生活における道義・条理・慣例等

　人間の思考作用を支配する論理の法則等として、裁判例で用いられた経験則に関し、以下、「説明のなかった予期せぬ事態への反応」「異議・反論の有無」「誤解解消のための努力」「相談・被害申告」「性的被害への対応」「類似する言動・傾向」「偶然の一致」「容易に判明する虚言」「あるべき証拠の不存在」等により、供述内容の信用性がいかに検討されているかについて説明します。

---

2　加藤新太郎編『民事事実認定と立証活動 第Ⅰ巻』（判例タイムズ社、2009年、332頁）では、「民事裁判において実際に問題となる経験則の多くは必然性のある経験則ではない」とされています。

## 1. 説明のなかった予期せぬ事態への反応

　医師の説明義務違反が争点となった東京地裁平成 13 年 12 月 17 日判決は、手術後に患者がとった以下の言動等からすれば、患者が手術前に手術（広背筋皮弁移植手術）の内容や手術後に生ずる可能性のある事態（筋力の低下や凸凹部分が生ずること）等に関する十分な説明を医師から受けていなかったことが推認できるとし、それに反する医師の供述の信用性を否定しています。

「入院中の原告は、その説明にショックを受け、皮膚と共に筋肉の一部を
　切除して移植したとの事実は知らなかったと述べ（《乙 4》証言、甲第 21
　号証）、それ以来、原告は病室のカーテンを閉め切って、一人で考え込
　む日々が続き、担当の看護婦に対し、「筋肉を取ることまで聞いていな
　かった。いまだに手が挙がらないし、創のところは凹んでしまった。一
　体、どういうことなのか、最初に手術をした医師に聞いてみたい」と述
　べたこと（甲第 21 号証）が明らかであり、これらの諸点と、本件手術当
　時、《乙 3》医師は、自分が過去に行った同種の手術の経験から、広背
　筋皮弁移植に伴う患者の筋力の低下等のデメリットについては、前記認
　定のとおり、さほど重視していなかったこと等を併せ考えると、被告主
　張に沿う前掲乙第 6 号証の記載部分及び証人《乙 3》の証言部分は、その
　信用性に疑問があり、他に、被告主張事実を認めるに足りる証拠はない。」

　もっとも、医師が説明を行っていたにもかかわらず、患者が説明を忘れてしまい、説明がなかったと思い込んでいる場合などにも同様の事態が生じ得ます。その場合、問題となる事象は客観的にみて予期せぬ事態とはいえないため、患者の特性、問題となる施術内容の患者にとっての重要度、説明の程度・回数、それを裏付けるカルテの記載内容（カルテに記載がない場合であっても、他の患者に対する同様の手術での説明の有無・程度がどう

であったか等）、患者からの異議内容や異議がなされた時期、異議内容の変遷、それに対する医師の反論の有無・内容、その他誤解解消のための言動等の有無等をもって反論してくこととなります。

**ＰＯＩＮＴ**

　予期せぬ事態への反応という経験則が適用される前提として、問題となる事象が予期せぬ事態と評価されるべきものかとの検討も忘れない！

## 2. 異議・反論の有無

　断定的判断の提供が争点となった神戸地裁平成21年8月10日判決では、売買損が発生した際にも、顧客が被告外務員に異議を申し立てていないことからすれば、値上がりは確実で確実に利益を上げられるとの断定的判断を外務員が提供したとは認められないとして、それに反する顧客の供述の信用性を否定しています。

　また、賃貸借契約を締結するに当たり、アパートのテナントが脱法ドラッグを販売していることを賃借人に説明する義務があるかどうかが争点となった東京地裁平成25年10月31日判決では、以下のとおり、管理会社や仲介業者からのメールに対して、賃借人である原告が何ら反論等行っていないとして、原告の供述の信用性を否定しています。

「平成24年5月18日、被告代表者が原告に対し、「事前に『癒し屋』が脱法ドラッグを販売していることは、私からもまたＯ不動産・Ａさんからもお話ししており、Ｂ様もこの件については了解している通りです」と書いてメール送信した（乙2の1）のに対し原告がこれを否定する旨の反応をメール等で示したことが証拠上うかがわれない」

　ただし、説明内容が実際の結果と異なるからといって、すべての人が異議を申立て、反論を行うとは限りません。もともと穏便に問題を解決したいと考えていた場合や、いっても無駄だと半ば諦めていたような場合、問題となる事柄以外にも解決すべき事項が存在したため全体的な解決が図れるまで異議や反論を控えていた場合、専門的な知識を必要とするため直ちに結果内容を理解することができなかった場合、さらには性格上、または相手方との関係上、異議や反論をいい出すことに躊躇していた場合など様々な理由が想定されるからです。そのような場合にはこれら事情を具体的かつ丁寧に説明することが必要となります。

　なお、ホテルの 1 室での強制わいせつ行為の有無・態様が問題となった仙台高裁秋田支部平成 10 年 12 月 10 日判決では、事件後、約 1 か月半が経過した時点で交わされた会話を録音したテープに関し、加害者男性が被害者女性の主張に対して反論自体は行っているものの、以下のとおり、被害者女性の主張に即した具体的な行為の態様に依拠した効果的な反論がなされていないとして、被害者女性が実際に性的被害を受けたと推認しても無理のないような証拠の 1 つと認定しています。

「随所で被控訴人の性的目的による行動を非難し訴えているのに対し、被控訴人は、再三にわたって、表現の仕方が適切ではなかったなどと、行為の動機の点を強調するに終始して、例えば、「肩に手をかけただけではないか。」などと、被控訴人の主張に即した具体的な行為の態様に依拠した反論がなされていないところから、心理学による会話構造分析によれば、右の会話は、控訴人が主張する内容の行為が実際にあったことを前提とした会話と考えることができ、被控訴人の主張するような肩に手をかけただけの行為が実際にあったと考えるのは不合理な点があると指摘されるに至っている。」

　ただし、この案件でも、仮にそれまでに何度か被害者女性との間で話し

合いの場が持たれ、加害者男性が何度も「肩に手をかけただけではないか。」などと、被害者女性の主張に即した具体的な行為の態様に依拠した反論を行っていたにもかかわらず被害者女性が頑なに否定し、行為の態様に依拠した反論を続けることでかえって感情を悪化させるような事態に陥っていた場合には、話し合いでの解決策を模索するため、一旦、被害者女性の主張に即した反論を控え、行為の動機の点を強調するに終始したとの事情も考えられます。そのような事情が存在するかどうか、加害者男性の当時の心境を十分にヒアリングし、それを基礎づけるに足りる証拠等があれば、それらととともに詳細に反論すべきでしょう。

　また、同判決では、被害者女性の供述の信用性を判断するに当たり、心理学による会話構造分析を参考にしていますが、そのような会話構造分析自体の信用性を、他の心理学者による意見書などによって弾劾することも万全の策をとるという意味では必要といえます。

**POINT**

　異議・反論を行わなかった場合でも、そうしなかったことによる様々な理由が考えられるにもかかわらず、異議・反論を行わなかったことの合理的理由を訴訟上何ら反論・展開しない場合には、逆に、合理的理由がなかったものと推認されてしまうことに注意！

## 3. 誤解解消のための努力

　セクハラ行為の有無・態様が争点となった東京高裁平成9年11月20日判決では、真に加害者男性が単に被害者女性を抱きしめたというのであれば、その後に被害者女性が深刻なショックを受け、同人に対して怒っていることを知った際には、上司として自己の行動の真意を被害者女性に伝え、その誤解を解く努力をするのが自然であると考えられるところ、そのよう

な努力がなされた形跡がないとして、加害者男性の供述の信用性を減殺する要因の 1 つであるとしています。

　しかしながら、同事案では、事件の翌日から、被害者女性は会社を休み、その 3 日後に加害者男性は被害者女性に対して謝罪し、謝罪を行ったことで加害者男性としてはこれで解決したものと考え、被害者女性においても、「わあい、わあい、やったあ、やったあ、よし、これから帰って乾杯だ。」などとはしゃいでいたことからすれば、それ以降において誤解を解消すべき状況であったかどうかは疑問といえます。

**POINT**

　経験則が、問題となっている個別具体的な案件まで射程範囲内とするものか、再度、検討してみる！

## 4. 相談・被害申告

　上記東京高裁平成 9 年 11 月 20 日判決では、以下のとおり、被害者女性が被害を被った後になした説明、相談、被害申告等からすれば、加害者男性がいうような単に被害者女性を抱きしめたに過ぎなかったものとは到底考えられず、被害者女性の供述を裏付けるものとみるのが相当であると判断しています。

「控訴人（筆者註：被害者女性）は、第五の事実があったとされる日の午後 2 時ころ以降、サービスセンターにおり、午後 7 時ころ出先から戻ってきた同僚に被控訴人乙川からされたことを説明しようとし、同僚も長時間にわたりこれに付き合い、結局、言葉でうまく説明できず、身振りで説明しようとして泣き出したものであり、このような控訴人の当日の行動だけをとってみても、控訴人が心理的に相当深刻なショックを受け、かつ、被控訴人乙川からされた行為の内容を同僚に伝えて相談しようと

していたことが明らかである以上、その後も、翌日から３日間会社を休
み、勤務時間終了後にサービスセンターに出向いて同僚に相談し、被控
訴人乙川から同年２月22日に謝罪を受けた後も、被控訴人Ｔ社の本社
を訪れて社長に書面を渡して直訴するという尋常でない行動をとってい
るのであり、控訴人のこれらの一連の行動に照らすと、同月19日には、
本件乙川供述のように、被控訴人乙川が瞬間的にないしは数十秒の間控
訴人の背中に両手を回して抱きしめたに過ぎなかったものとは到底考え
がたく、控訴人の右行動は、本件控訴人の供述を裏付けるものとみるの
が相当である（横浜営業所における同日までの控訴人と被控訴人乙川との関
係に照らしても、同日以降、控訴人が被控訴人乙川に関しことさら虚偽の申
立てをしたものと疑うべき事情は見当たらない。）。」

　他方で、職場内で同僚が継続的に暴言、罵声を浴びせたかどうかが争点
となった東京地裁平成24年１月17日判決では、被害を受けたとされる日
時から約10か月が経過するまで、しかもその間には精神科に通院して抑
うつ状態と診断されるほどの状態になっていたにもかかわらず、上司に被
害を申告することがなかったことをもって、供述の信用性が低いとする要
因の１つとしています。
　もっとも、気功整体マッサージでのわいせつ行為の有無が争点となった
東京地裁平成25年５月20日判決では、以下のとおり、被害申告に関する
経験則の例外を認めています。
「原告は、本件被害の直後から、本件行為について、その主張どおりの被
　害申告をしていたわけではない。しかしながら、性的な被害を受けた場
　合、羞恥心等から、直ちに被害申告をすることができなかったり、被害
　申告の内容が受けた被害全てではなかったりすることもありうるところ
　（甲28、29）、前記のとおり、原告は、当日のツイッターで「痴漢に遭っ
　た・会社やだ。」、「やっと痴漢のショックが和らいできた。下着に手を

入れられたことももういい。顔合わせないようにすればいい」等と記載
し、また、その約 1 か月後の、同年 11 月 16 日には「マッサージである
以上、体に触れることはあるとは思うが明らかにそれを逸脱した触り方
だった。特に相手に訴えたいとは思っていないが、早く忘れたいし、顔
をあわせたくない。」と述べ、このころまでに c から、通常のマッサー
ジ行為とは違った何らかのわいせつ行為の申告をしている（なお、原告
が F 社内で他の者から痴漢等の被害を受けたことを示す証拠はない。）。そし
て、原告は、平成 23 年 4 月 8 日付けで、F 社の人事担当者等に対するメー
ルに「性器に触られるようなこと」と記載し、遅くとも同年 6 月ころま
でには、原告代理人に、法廷での供述と概ね同様の話をしたと認められ
ることを併せて考慮すると、原告の供述は、基本的には信用性があるも
のと認められる。」

　同様に、仙台高裁秋田支部平成 10 年 12 月 10 日判決は、「性的被害を受
けた被害者が、自己の受けた被害の詳細を、誰彼問わず当初から常に具体
的に話すとは限らず、むしろ必要がなければ具体的な話をためらうことも
珍しいことではないと思われる」としています。

　ただし、経験則の例外といっても、例外の例外も存在するのであり、原
則・例外のいずれかの枠内で捉えてしまうことはかえって個別具体的な事
案の特性を見失うことにもなりかねません。そのため、原則に該当しない
から例外の経験則に該当するというように安易に考えるのではなく、事案
の特性を十分に考慮した上で、当時の環境の下、実際に被害者が置かれた
立場において、被害者が直ちに相談や被害申告を行った、または行わなかっ
た理由、経緯、事情等を丁寧に主張・立証していくことが重要であること
に変わりはありません。

## 5. 性的被害への対応

　職場内でのセクハラ行為の有無・態様が争点となった東京高裁平成9年11月20日判決では、以下のとおり、性的被害者の行動パターンを一義的に経験則化し、それに合致しない供述内容が不自然であると断定することはできないとしています。

「証拠（甲13、甲15の2）によると、米国における強姦被害者の対処行動に関する研究によれば、強姦の脅迫を受け、又は強姦される時点において、逃げたり、声を上げることによって強姦を防ごうとする直接的な行動（身体的抵抗）をとる者は被害者のうち一部であり、身体的又は心理的麻痺状態に陥る者、どうすれば安全に逃げられるか又は加害者をどうやって落ち着かせようかという選択可能な対応方法について考えを巡らす（認識的判断）にとどまる者、その状況から逃げるために加害者と会話を続けようとしたり、加害者の気持ちを変えるための説得をしよう（言語的戦略）とする者があると言われ、逃げたり声を上げたりすることが一般的な対応であるとは限らないと言われていること、したがって、強姦のような重大な性的自由の侵害の被害者であっても、すべての者が逃げ出そうとしたり悲鳴を上げるという態様の身体的抵抗をするとは限らないこと、強制わいせつ行為の被害者についても程度の差はあれ同様に考えられることができること、特に、職場における性的自由の侵害行為の場合には、職場での上下関係（上司と部下の関係）による抑圧や、同僚との友好的関係を保つための抑制が働き、これが、被害者が必ずし

も身体的抵抗という手段を採らない要因として働くことが認められる。したがって、本件において、控訴人が事務所外へ逃げたり、悲鳴を上げて助けを求めなかったからといって、直ちに本件控訴人供述の内容が不自然であると断定することはできない。」

また、このような人間行動学による研究結果だけでなく、被害者女性の供述の信用性を判断するに当たり、心理学による会話構造分析を参考にした裁判例（仙台高秋田支部判平成 10 年 12 月 10 日）が存在することはすでに紹介したとおりです。

**POINT**

経験則は時代の変化はもちろん、心理学や人間行動学等の研究結果等によっても影響を受けうる！

## 6. 類似する言動・傾向

商品先物取引において外務員による違法な勧誘や詐欺的言動、顧客の明示的承諾等の有無が争点となった大阪高裁平成 15 年 9 月 25 日判決では、商品先物取引業者による、本来あるべき手順が逆転した拙速な営業活動や顧客に対する極めて不誠実な対応からすれば、事前に顧客の明示的承諾を得ながら取引を進めるという手堅い営業が顧客との関係で行われていたというのは非常に疑わしいと判断しています。

また、東京高裁平成 9 年 11 月 20 日判決では、過去にも、他の女性従業員が、加害者男性から、腰や胸に抱きつかれたり、手を握られたり、腿をなでられたり、髪を触られたり、肩を抱かれたりし、それが原因で退職した事実があることが認められ、これらの事実は、加害者男性の職場におけるこの種の行動の傾向を示すものであって、被害者女性の供述内容の真実

性を補強する事情であるということができるとしています。

　日本の民事裁判では、証拠能力の制限は特になく、悪性格の立証についても証拠として許容されていますが、他方で、たとえば米国連邦証拠規則第404（b）（1）条では、民事裁判においても、過去の犯罪行為や違法行為等を、当該行為と同種の行為が行われたことを立証するために用いることを原則として禁止しています。そのような証拠の証明力と比較して、類型的に不当な予断偏見を与え、誤った心証を形成させる危険性のほうが高いというのがその趣旨です。加害者男性が過去にセクハラを行っていることから、加害者男性にはセクハラを行う悪性格・傾向があることが推認され、その悪性格・傾向から今回のセクハラも行われたことが推認されるという二重の推認過程を経るもので、このような推認はいずれもその証明力は弱く、不確実な推認であるにもかかわらず、一見すると強い推認力を持つかのような不当な影響力を与えてしまうということです。

　事実認定のプロである裁判官とそうでない陪審員に対する影響力の違いはあるものの、事実上、過去の類似する言動・傾向が、事実認定に大きなインパクトを与えやすいものである以上、被害者女性としては、加害者男性によるこれら過去の言動を主張・立証することで供述内容の信用性を増強できる反面、加害者男性としては、それが虚偽または誇張されたものである場合には、徹底的に弾劾及び反証する必要があるといえます。

**POINT**

　過去の類似する言動・傾向は、事実認定に事実上大きなインパクトを与えやすい以上、それが虚偽または誇張されたものである場合には徹底的に弾劾及び反証すべき！

## 7. 偶然の一致

　投資詐欺の有無・態様等が争点となった東京高裁平成 25 年 9 月 26 日判決では、詐欺行為幇助者の供述に関し、以下のような偶然の一致はありえないとして、その信用性に欠けるとしています。

「そもそも被控訴人は、Ｓとは、ホームページ作成の募集で知っただけで、食事も一緒に行ったことはないなどとしつつ、他方で、被控訴人もＳも、たまたま同じ風俗店の客で、その店員がＳの携帯電話の番号を知っていたので、番号を教えてもらってＳに連絡を取ったこともあると述べているが、そもそもホームページ作成の募集で初めて知り合った者が、たまたま同じ風俗店の客で、２人ともその店員と携帯電話の番号を交換するほどの仲であったなどという偶然の一致は、まずあり得ない話であるから、そのことだけでも、被控訴人の供述は信用性に欠けるものであることを示している。」

　同判決では、被控訴人の供述の信用性が認められないその他の理由として、被控訴人の供述態度や供述内容の唐突さ、不自然性も挙げていますが、同事案における偶然の一致に関しては、「そのことだけでも、被控訴人の供述は信用性に欠けるものである」と判示しているとおり、信用性を判断するに当たっての重要なファクターと捉えていることが伺われます。

　もっとも、偶然の一致といっても、単発の偶然か偶然の積み重ねか、偶然的出来事が生じる蓋然性の程度などによって、当然のことながら信用性の判断に与える影響は異なってきますので、偶然の一致に至った経緯、その際のやりとり、対応、その後の経緯等（偶然の一致の出来事は、通常、記憶に残りやすいといえます）を詳細かつ具体的に主張・立証できれば、偶然の一致という要因だけで直ちに信用性が大幅に減殺されることは少ないといえます。

偶然の一致が生じた原因自体は説明困難であるとしても、そこに至った経緯、やりとり、対応、その後の経緯等を詳細かつ具体的に説明することができれば、偶然の一致というだけで信用性が大幅に減殺されることは少ない！

## 8. 容易に判明する虚言

　銀行の顧客に対する詐欺によってゴルフ会員権ローン契約が締結されたかどうかが争点となった東京地裁平成16年2月27日判決では、以下のように述べて、顧客の供述の信用性を否定しています。

「ところで被告は、本件ゴルフ会員権を1口4000万円で購入しても、1か月後には本件ゴルフ会員権が5500万円で売り出されるから、それに便乗して被告が購入した本件ゴルフ会員権を売却すれば5500万円近くの値段が付き絶対儲かる旨の原告従業員Sの言葉を信じて本件ゴルフ会員権を購入することに決めた旨供述する。しかしながら、Sは、本件ゴルフ会員権購入の勧誘に際し、かかる説明はしていないと供述しており、実際に、平成2年9月の1か月後に本件ゴルフ会員権が5500万円で売り出される予定などまったくなかったのであるが、そのような直ぐに判明する明白な嘘をついて勧誘するとは常識では考えられない。」

　もっとも、控訴審である東京高裁平成16年8月9日判決では、銀行従業員が積極的に顧客を騙したとは認めがたいものの、不作為による欺罔行為に匹敵する過失があったとして、不法行為責任に基づく損害を認めています。なお、原審、控訴審のいずれにおいても、大手銀行の銀行員が直ぐに判明するような明白な嘘をついて取引を勧誘することは常識では考えられないとの経験則に基づき、積極的な詐欺行為自体は否定されています。

> 世間一般で考えられている確立した常識や偏見の壁を崩すためには、これでも
> かというぐらい、その事案における個別具体的な特殊事情を主張・立証しなけれ
> ばならない！

## 9. あるべき証拠の不存在

　スワップ取引に関する説明義務違反等が争点となった東京地裁平成 21 年 3 月 31 日判決では、取引条件書や分析表（本件タームシート）を事前に原告らに郵送した上、これに基づく説明をした旨の被告担当者の供述の信用性に関し、本件タームシートが取引リスクの開示という観点から重要な意味を持つものである以上、それを郵送ないしメールしたことを端的に認めるに足りる証拠があってしかるべきであるにもかかわらず、かかる証拠は提出されていないとして、被告担当者の供述の信用性が低いと判断しています。

　同判決では、被告担当者が、本件タームシートを原告らに対して郵送したとされる同じ日に、被告担当者は、金利スワップ取引等の説明の際に受けた質問に対する補足説明の内容等をまとめた説明書をメールに添付して原告らに送信するとともに、その原本のコピーも原告らに郵送しています。にもかかわらず、同メールには、同説明書の送付・郵送のみを前提とした記載がなされているに過ぎず、本件タームシートに関する言及は一切なされていません。同一日に重要書類を 2 つ郵送し、メールにも添付した上で相手方に報告するのであれば、同一便で郵送・メールするでしょうし、分けて行うとしても、同じく重要な書類である本件タームシートに関して何らメールでも触れられた履歴がないということは、経験則上、不自然であるとの判断がなされています。

## 2　業界（投資信託、商品先物取引等）の取引慣行

### 1. 経験則

　顧客が株の信用取引を行うに当たり、担当者の違法な勧誘及び受託行為の有無等が争点となった広島地裁平成16年3月25日判決では、以下のとおり、証券会社は顧客の指示に忠実に従うものであるといった経験則自体を否定した上で、証人の供述の信用性を否定しました。

「本争点は原告による売却及び手仕舞いの指示の有無であるところ、F供述の趣旨は、原告名義での売却及び手仕舞いの事実が存在しないことをもって原告による売却指示及び手仕舞いの指示の不存在を推認できるというものと解される。そして、このような推認に当たっては、証券会社は顧客の指示に忠実に従うものであるといった、一種の経験則が前提とされていると考えられる。しかし、そのような経験則の存在自体が疑問であって、現に、F自身の供述内容が2月25日、29日及び3月8日の計3回にわたり原告の投資意向を聞いてこれを否定する助言を行ったという趣旨のものである。以上の理由からすると、この点については、原告供述を採用すべきであり、F供述は採用できない。」

## 2. 特定売買の特徴及び取引数

　商品先物取引において顧客が自らの判断で取引を行ったとの商品先物取引業者従業員の供述に対し、東京地裁平成18年6月5日判決では、以下のとおり、特定売買の特徴及び取引数からすれば、商品先物取引経験のなかった顧客が相場の判断を主体的に行えたとは認めがたいとして、その信用性を否定しています。

「本件取引は、14か月の間に相当数の特定売買を含む多数回の取引が行われ、総取引高、手数料も相当な金額に上がっている。そして、特定売買についてみると、例えば、前記2（三）（9）認定の損切り直しについては、既存建玉を維持し続ければ損失が拡大するとの判断のもとに、損を出して一旦既存建玉を仕切った後、同日中に同一建玉を新規に建てて利益を狙うというものであるから、委託者が相場観を変更した場合に行われるものであるし、48回行われている途転についても同様に委託者が相場観を変更した場合に行われるものであるが、商品先物取引経験のなかった原告がそのような多数回にのぼる相場の判断を主体的に行えたとは到底認めがたい。こうしたことはその他の特定売買についても同様であって、原告が、当該特定売買につき、その状況下における有効な手法であると自ら判断し、それを選択するだけの知識、経験を有していたとはやはり認めがたい。」

　同判決では、損切り直し、途転等の特定売買が一定の期間内に多数回行われていたという当時の客観的状況を前提とした場合に、商品先物取引業者従業員の供述どおりの事実等があったとする蓋然性は低いとの判断がなされています。そのため、業界の取引慣行に関する経験則というよりも、特定売買の仕組み、構造、メリット、デメリットなど商品先物取引に関する専門知識とともに考察した客観的状況を前提とした場合に、商品先物取

引業者従業員の供述どおりの事実等があったとする蓋然性は低いとの判断が経験則によって行われているというのが正確です。

## 3. 説明時間

　ワラント（新株引受権付社債（ワラント債）のうち、新株引受権の部分を社債部分から分離したもの）買付けの勧誘に関し説明義務違反、断定的判断の提供があったかが争点となった東京地裁平成9年11月11日判決では、以下のとおり、わずか2、30分の電話だけで、顧客が直ちに買付け注文を出せる程度にワラントの内容を理解したものとは考えられないと判断しています。

「しかも、Mは、原告がワラントに関して何ら予備知識を持っていないことを知りながら、買付け当日、電話によって本件ワラントの買付けの勧誘を行い、他に何の資料も提供していないのであり（証人Mの速記録11頁）、ワラントの内容が、株取引に堪能な者以外には、容易に理解しがたいものであることを合わせ考えると、わずか2、30分の電話だけで、原告が直ちに買付け注文を出せる程度に本件ワラントの内容を理解したものとは、およそ考えられない。」

　なお、商品先物取引における説明義務違反、適合性原則違反、断定的判断の提供、実質的一任売買等が争点となった神戸地裁姫路支部平成23年5月9日判決では、約1時間という短時間で、顧客が商品先物取引の危険性や仕組みを理解することが可能な程度に十分に説明が行われたとは考えがたいとしています。

## 4. 電話による説明

ワラントの買付けに関する説明義務違反が争点となった静岡地裁沼津支部平成 10 年 2 月 10 日判決では、「電話による説明は、面談の上、説明書を示しながら説明するのとは異なり、ワラントのような複雑な取引事項について、相手方の十分な理解を得るように説明することが不適切な方法であるから、一方的に、しかも、概略的な説明にとどまり、どちらかというと相手方に対し専らワラントの取引の有利性に比重を置くのが自然であり、その危険性の説明については消極的にならざるを得ないものと考えられる」とし、ワラントの特質について十分な説明をしたとする証券会社従業員の供述の信用性を否定する要因の 1 つとしています。

なお、大阪地裁平成 9 年 2 月 3 日判決では、「電話による取引が是認されるのは、証券取引に経験を積み、商品の内容について理解する程度になっている顧客に妥当するものであり、原告のような経験も浅く、かつ、ワラントのような危険性を伴う複雑な商品が対象である場合には、適切ではない」として、顧客がワラントについて十分に理解したとはいえないとしています。

## 5. 契約書の読上げと説明内容

外国為替証拠金取引の仲介会社が顧客に虚偽の説明を行ったかが争点となった札幌地裁平成 15 年 6 月 25 日判決では、以下のとおり、契約書の読上げに関し、外務員の説明だけで取引を行う顧客もよくあるとして、顧客の供述の信用性を認めています。

「また、上記認定のとおり、本件契約書等には、本件取引の危険性についての記載もあるが、K も、本件契約書の契約条項を読み上げて説明することはしていない旨の供述をしているし、原告もこれを読んでいない旨

の供述をしていること、このような契約条項を読まずにＫのような外務員の説明だけで取引を行う顧客もよくあると考えられることなどからすれば、原告の供述は信用でき、原告は本件契約書を読まず、そこに記載された本件取引の危険性について認識することなく、本件取引を行ったと認めることができる。」

## 6. 説明者自身の理解度

上記札幌地裁平成15年6月25日判決では、以下のとおり、外務員すら外国為替証拠金取引の仕組みを正確に把握していない以上、その危険性を顧客に説明していたかは疑問であるとして、外務員の供述の信用性を否定しています。

「本件取引についての証人Ｋのこのような曖昧な供述からすれば、Ｋ自身が本件取引の仕組みを正確に把握していないことが窺えるし、さらには、被告において、顧客を勧誘する際に本件取引について顧客に十分に説明しなければならないなどと考えていなかったことが強く推認されるというべきである。そのことも合わせ考慮するならば、本件取引の危険性などについて説明したとする証人Ｋの供述は、それを否定する原告の供述と対比して到底採用できないというべきである。」

## 7. まとめ

以上、投資信託、商品先物取引等での業界における取引慣行が問題となった裁判例を中心に紹介しましたが、これら取引慣行は当然のことながら業界ごとに異なるものです。そのため、弁護士自身が、少なくとも依頼者や関係者と同レベルまで精査、研究した上で取引慣行を把握できなければ、肝心な事実を見落とすことにもなりかねませんし、何より裁判官に対して

十分な説明、説得を行えないことに留意すべきです。

業界での取引慣行に関する経験則や専門的知識を、裁判官にわかってもらえる
よう具体例を織り交ぜるなどして十分に説明できているか！

第2章

打合せ時での
留意点

# 適切なヒアリングの重要性

　依頼者にヒアリングを行うに当たっては、事実関係を裏付ける処分証書や報告証書など、紙媒体や電子データなどで残されている証拠の有無についても意識、確認しながら行うのが通常です。

　弁護士としては、依頼者の話の全体像をつかむ中で、主要事実を裏付ける直接証拠は何か、主張・立証すべき間接事実として何が想定できるか、間接事実を裏付ける証拠としてはどういったものがあるか、ありとあらゆる可能性を考えてその有無を確認し、弁護士が独自に入手できる記録等については、弁護士側でも取り寄せることとなります。

　このような作業を経た結果、直接証拠として契約書などの処分証書が存在するような場合には、契約書の内容とは異なる合意があったと主張するような例外的な場面を除き、原則として、その記載どおりの事実が認定されるため、比較的、主張・立証は容易といえます。

　問題は、直接証拠が当事者や第三者の供述証拠しかない場合です。このような場合、これら供述証拠の真実性や信用性をいかに主張・立証していくかが訴訟での勝敗を左右する鍵となります。

　弁護士は、依頼者から生の供述をそのままヒアリングする立場にあることから、裁判所に提出される事実関係は、自ずと弁護士による知覚、記憶、表現、叙述というフィルターを経由することとなります。

　そのため、弁護士によるヒアリングの方法が適切でなかったり、不十分である場合、その他弁護士が意識せずとも依頼者の供述内容に影響を与え

るような質問を行うような場合には、弁護士自身が事実を汚染してしまう危険性があります。

　他方で、弁護士が適切なヒアリングや質問を行い、その上で、依頼者の記憶違いや思い込み、記憶の変容・誇張・混同等を意識しつつ、動かし難い間接事実や間接証拠等によって、これら歪みを是正する手助けを行う場合には、より正確で網羅的な事実を得ることが可能となります。このような作業を経ることで訴訟上での事案の解明が促進され、効率的な争点整理が期待される結果、適正かつ迅速な民事裁判の実現にも寄与することとなるでしょう。

　そこで以下、直接証拠が当事者や第三者の供述証拠しかない場合を中心に、依頼者との打合せにおいて留意すべき事項について検討していきます。

> **POINT**
> 　事実関係を依頼者に有利に歪めることは、本来的には信用できるはずの主張・証拠等についてもその信用性が否定されることになりかねない以上、まずは弁護士自身が事実を汚染しないよう留意しなければならない！

# Ⅱ 聞取り・質問方法に関する留意点

## 1 ヒアリング方法

　ボストンの弁護士であったウィリアム・マーストンは、証人尋問において、証人の自由な叙述によって証言させる場合と、個々の特定の質問に答えさせる場合とのいずれの方法が、証人に正確かつ完全に真実を述べさせるのにより適しているかを明らかにするため、以下のような実験を行いました。

「18人の学生と18人の弁護士を被実験者として選び、その前で1人の若者が教室に入ってきて教師にメッセージを渡し、教師はそれを読んでその若者に答えるというごく日常的な事件を演じさせた。なお、その若者の動作や所持品等には若干の特徴が付されるなど、この事件には147の事実のポイントが含まれている。被実験者らは、見聞きした事件について、まず、その事件の直後に、自己の観察の結果を自由に記述した報告書を提出し（自由叙述方式）、次に、この事件に関して法廷における主尋問の通常の方法に従ってなされた個々の質問に対して答えた書面の回答書を提出し（主尋問方式）、最後に、通常、反対尋問で用いられるような、証人と対立する立場からその証言を混乱させ不明瞭にする目的でなされた個々の質問に答えた回答書を提出する（反対尋問方式）ようそれぞれ命ぜられた。」

このような実験の結果得られた報告・回答に関して、①完全さ（ポイント総数 147 に対し、被実験者がいくつのポイントについて正しい報告をしたかという比率）、②正確さ（被実験者が一応報告または回答したポイントを数え、その総数中、正しい報告がどれだけのポイントについてなされたかという比率）、③用心深さ（被実験者が知らないと答え、またはまったく答えず、あるいは誤った答えをしたポイントの総数中、知らないと答え、または答えなかったポイントの比率）は以下のとおりでした。

|  | 完全さ | 正確さ | 用心深さ |
|---|---|---|---|
| 自由叙述方式 | 23.2% | 94.05% | — |
| 主尋問方式 | 31.2% | 83.2% | 40.1% |
| 反対尋問方式 | 28.7% | 75.7% | 51.8% |

つまり、自由叙述方式は、他の方式に比べ、完全さでは劣るものの、正確さにおいて最も優れているとの実験結果が明らかにされています（William M. Marston, Studies in Testimony, 15 Journal of the American Institute of Criminal Law, 5（1924）、田辺公二『事実認定の研究と訓練』弘文堂、1965 年、80 〜 83 頁）。

この実験では、証人尋問での場面を前提としていますが、弁護士が依頼者から事実関係をヒアリングする際においても同様のことがいえます。

そのため、特に依頼者との最初の打合せでは、まずは自由に話をしてもらうことが事実の正確な把握という観点からは優れている方法といえます。依頼者との信頼関係を形成するという意味においても、話を途中で遮られて質問責めにされるよりは、まずは弁護士が自分の話を十分に聞いてくれたとの認識を有してもらうのが望ましいといえます。

全体像が把握できれば、自由叙述方式の不完全さを補うために、争点と

なる事実関係とそうでない事実関係を区別した上で、さらに自由叙述方式にて話を聞いていきます。その際、争点となる事実関係については、次回までに、その詳細を書面で書いてきてもらうことも効果的です。その場で口頭にて話すよりも、記憶を丁寧にたどりながら書面化する方がより正確性が担保されやすく、弁護士の前では思うようにうまく話せないような場合にも、有効な方法といえます。

**POINT**

　特に最初の打合せでは、関係のない事項と思われる事項でも話を遮らず、共感できるところは共感しつつ、依頼者の話をじっくりと根気よく聞いてみる！

## ② 質問方法

　自由叙述方式では完全さにおいて劣っているため、それを補うために、事実関係を区別した上でさらに自由叙述方式にてヒアリングをしたり、依頼者による書面化作業を行うにしても、限界があります。そのため、点と点とをつなぐ線となる事項など、事実関係の漏れとなる項目については、弁護士から質問を行うこととなります。

　その場合、質問方法が誘導的となっていないか留意する必要があります。依頼者が弁護士の誘導質問の趣旨を察知して、記憶が曖昧な事項については特に、誘導に応じた回答が訴訟遂行上好ましいものと捉え、迎合的な回答をしてしまう危険性があるからです。弁護士としては、依頼者のそれまでの話を前提とすれば、経験則上こうであるはず、こうなるであろうとの思いで何気なく誘導的な質問をしがちですが、弁護士の想定する経験則どおりに依頼者が行動していたとは限りません。その結果、依頼者・弁護士

が意識しないまま、事実を汚染してしまうことなり、裁判上、相手方から
それらと矛盾する証拠等が提出された場合には、供述の信用性に大きなダ
メージを与えてしまうことになります。

　同様に、打合せの初期の段階で、いわゆる事件のストーリーを決めつけ、
当該ストーリーに沿った質問を依頼者に行うことも控えるべきでしょう。
裁判所の判決内容においてすら、当事者が主張するストーリー以外の事実
関係を認定することも稀ではなく、ましてや打合せの初期の段階で１つの
ストーリーに固執してしまうことは、それに沿わない、または関連しない
事実関係を弁護士が取りこぼしてしまうこととなり、事実関係を正確・的
確にヒアリングできなくなる危険性があるからです。

　また、弁護士が１つのストーリーを想定しながら行う質問方法、内容に
よって、依頼者にも事実関係が当該ストーリーどおりだったと潜在的に暗
示させてしまう危険性もあります。

**POINT**

　打合せ初期の段階では、弁護士の経験則やストーリーを決めつけた上での誘導
的な質問は控える！

## ③　信頼関係と弁護士自身の経験の蓄え

　依頼者の話に真摯に耳を傾け、依頼者の話に共感し、偏った経験則やス
トーリーにとらわれることなく、豊かな経験や知識によって多様な視点か
ら物事を分析・検討するためには、依頼者との信頼関係と、その土壌とな
る弁護士自身の経験の蓄えが伴ってこそ実現可能となるものです。

　このことを端的かつわかりやすく表現しているものとして、ゲーリー・

スペンス（松尾翼訳）『議論に絶対負けない法』（三笠書房、1996 年、128 ～
129 頁）から以下を引用します。

「若い人たちにはこう言いたい。法廷弁護士にかぎらず、どの職業におい
　ても成功したければ、人間の諸相をあらゆる面から、願わくば経験によっ
　てできるだけたくさん学ぶべきだ。教育の一部として、楽しい一生を送
　るための準備の一部として、大いに働くべきだ。倹約すること、ローン
　をどうやって返済すればいいか悩むこと、夜遅く疲れて家に帰ること、
　必要なものをなしで済ますこと、小さな仕事を終えた喜びを経験するこ
　と、それを学ぶべきだ。私は子供たちにさまざまなことを学んでほしい
　と思っている。トイレの掃除の仕方、家の建て方、ペンキの塗り方、レ
　ンガの積み方を学んでほしい。病人の看病の仕方、牧草地の灌漑のやり
　方、山の登り方、詩の作り方、人間を謳った歌の歌い方、小川のほとり
　に寝ころんで夢を見ること、愛することの喜びと失うことの悲しみを知
　ること、それを学ぶべきだ。貧乏のどん底に落ちないために働いたり、
　悩んだり、苦労したりしなければならないという経験を一度もしたこと
　のない若者は、スラム街で育つ若者と同じように恵まれていない、と私
　は思っている。」

**POINT**

　法廷弁護士にかぎらず、どんな職業であろうと成功したいと思ったら、この地
球に住んでいる兄弟姉妹を理解することに熟練しなければならない！[3]

---

3　ゲーリー・スペンス（松尾翼訳）『議論に絶対負けない法』三笠書房、1996 年、127 頁

# 依頼者の記憶違いや思い込み、記憶の変容・誇張・混同等の是正

　依頼者の主張をひととおり聞き終え、動かし難い間接事実や間接証拠等との突き合わせを行っても、当然のことながら、供述内容のすべての隙間をこれら証拠等によって埋めることは不可能です。経験則からの推論や、一定のストーリーに沿った推論が、依頼者の記憶とおおむね適合する場合であっても、客観的証拠による裏付けがない限り、そうであっただろうとの蓋然性に過ぎず、依頼者が絶大なる自信をもって記憶どおりであると断言する事実関係でさえも、事後的に相手方から提出される証拠等によって反駁されることも決して珍しいことではありません。

　これら隙間となる事実関係がどの程度、確からしいか、それを基礎付ける要因・事情を依頼者に確認したとしても限界があり、それでも執拗に確認することは、依頼者に「自分のいうことが信用されていないのでは」と思わせることとなってしまいます。その結果、依頼者との信頼関係にも悪影響を与えかねません。

　もっとも、これら隙間となる事実関係に関し、弁護士自身がその「確からしさ」に関する視点や手がかりを認識している場合には、その後の訴訟を遂行するに当たっての主張・立証方法に関するヒントを得ることができます。たとえば、「ある特徴がみられる供述には記憶の精度が低い傾向にある」という視点を弁護士が有している場合、そのような特徴がみられる供述内容をいつの時点で（交渉ないし訴訟の初期か終盤か）、どのような方法で（先行的に主張するのか、相手方から主張されてからか）、どの程度（概

要だけか、ある程度詳細か、それとも触れないか）主張すべきか等を判断するに当たっての１つの判断要因となりえます。また、この視点自体の精度が低い場合であっても、留意すべき供述内容として弁護士が訴訟遂行上、意識すべきポイントとなりえます。

　そこで、以下、このような視点や手がかりとなるものとして、供述心理学や米国連邦証拠規則を紹介し、そこから得られるヒントを解説します。

 ## 供述心理学からのヒント

　裁判上の事実認定における供述心理学的研究のもつ価値に関し、田辺公二元裁判官は、「供述心理学が決して事実認定の万能薬ではないこと、換言すれば、心理学的研究が個々の証言の正確性信憑性の最終的な判定に常に直接役立つものではないという前提を承認しなければならない」としつつも、「しかし、それだからといって、供述心理学の裁判上の利用についてすべて断念するのもまた早計である。私の考えるところでは、つぎの諸分野の開拓が今後さらに可能であるように思われる」と言及され、その１つとして、以下の場合を紹介されています（田辺公二『事実認定の研究と訓練』弘文堂、1965 年、257 頁）。

「第二に、現在の供述心理学は、右に述べたように、個々の証言に対する、裁判官の最終的な判定の基礎とは必ずしもし得ないのであるが、しかし、そのことは、弁護士や裁判官が、証拠を収集し、事実を発見する上での基礎的な素養として供述心理学を修め、かつこれを応用することの意味をまで否定するものではない。また裁判官についても、供述心理学を最終的かつ絶対的なよりどころとするのではなく、その明らかにした諸法則を、もっぱら証言を評価しその価値を秤量する上での心得なり手がかりとして用いるならば、かなり有益であろう。」

　本書のスタンスとしても、経験則やストーリーからの推論等を排除した上で、心理学に沿った供述の信用性を検証するものではなく、依頼者から正確な事実関係をヒアリングする上での視点（心得・手がかり）として、供述心理学を用いることを提案するものです。

　たとえば供述心理学では、人間の記憶に関し、以下のような傾向があるとされています。

人の諸相に関する心理学上の研究成果から実体解明のヒントを得る！

## 1. 憶えていて不自然ではない記憶

### 1 感情が伴う記憶

　記憶のプロセスは、刺激を受容し頭の中に蓄えるまでの段階（符号化・記銘）、蓄えられた情報が思い出されるまで保存しておく段階（貯蔵・保持）、思い出す段階（検索・想起）の３つの段階に分けられるところ、符号化の際に驚きや感動などの感情が伴うと、記憶が長続きすることは一般的にも知られているようです（太田信夫編『記憶の心理学』放送大学教育振興会、2008 年、28 頁）。

　他方で、強い恐怖や不安といった情動的ストレスについては、記憶を妨げることを示す研究結果と、妨げないことを示す研究結果とが入り混じっており、情動的ストレスが記憶にどのような影響を与えるかについては一概にはいえない場合が多いとされています（太田信夫編『記憶の心理学』放送大学教育振興会、2008 年、169 頁）。

　なお、目撃者のいない状況での暴行の態様が争点となった前記名古屋地裁平成 15 年 5 月 30 日判決でも、「前記認定のとおり、本件暴行事件当時、

原告と被告Aはお互いに悪感情を抱いていたことからすると、被告Aの主張する本件暴行の態様及び傷害の結果は、原告に対する悪感情及び被害者意識から、事実が誇張されたものと推認される」として、悪感情が伴った結果、事実が誇張されたものとして、被害者の供述は信用できないとしています。

## 2 自己に関連する情報

　刺激を受容し頭の中に蓄える際（符号化・記銘）に、自分自身と関連付けられた情報はよく憶えているといわれています。記憶は既存の知識構造と密接に関連付けられ、豊富な精緻化（憶えようとする情報に他の情報をつけ加えること）がなされた時に忘れられにくく、思い出すことは容易となるところ、自己に関連付ける場合には特に密接で豊富な関連付けがなされるため、記憶成績が高くなるというものです。

　そのため、たとえば、3年前の出来事であるにもかかわらず、相手方が所持していた鞄のブランドを憶えていたとしても、その理由が自分もまったく同じものを持っていたからということであれば、記憶に残っていても特段、不自然ではないと考えることができます。

## 3 人物の性格特性と矛盾する言動

　社会心理学において対人記憶研究の中で繰り返し確認されているもののひとつとして、ある人物の行動を呈示する際、あらかじめその人物の性格特性を示すと、その特性に整合する行動の再生成績がよくなるが、特性と矛盾する行動はそれ以上に再生される、というものがあります（太田信夫編『記憶の心理学』放送大学教育振興会、2008年、187頁）。

　たとえば、「社交的」という特性がある人物に与えられた場合、いくつかの行動のなかでも、その特性と整合する行動となる「初対面の人と仲良くする」「見知らぬ人に挨拶をする」などの記憶想起がよく、それ以上に、

その特性と矛盾する「休日1人で映画をみて過ごす」などの行動の記憶想起がよいというものです。

　その理由として、矛盾する情報は、全体との整合性を高めるために、より入念に情報処理が行われ、他の情報との間により多くのリンクが形成されるためと説明されています（太田信夫編『記憶の心理学』放送大学教育振興会、2008年、189頁）。

　そのため、ある特定の人物から発せられたとは思われないような意外な発言などについては、時間の経過にかかわらず記憶に残っていてもあながち不自然ではないと考えることができます。


## 2. 忘れていて不自然ではない記憶

### 1 興奮状態での記憶

　たとえば、刃物による殺傷事件、バッグの置引き事件に関する記憶実験で、2種類とも登場人物、画面の構成、映っている事物にはほとんど違いがないという条件の下、殺傷事件では置引き事件に比べ、凶器や犯人の服装といった中心的情報に関する記憶成績がよく、置引き事件では殺傷事件に比べ、被害者が飲んでいた飲み物やテーブルの上のバッグといった周辺的情報に関する記憶成績がよい、との結果から、「情動的ストレスは、注意を向ける範囲を一部に集中させ、そのため、中心的な情報の記憶を促進し、周辺的な情報の記憶を妨害する」との説が存在します（太田信夫編『記憶の心理学』放送大学教育振興会、2008年、168頁）。

　もっとも、情動的ストレスに関する研究結果と同様、このような中心的・周辺的情報の記憶にまつわる問題に関してもまだ十分には明らかになっていないようですが、著しい興奮状態においては、正確な観察と判断がなされることは一般的に困難といえますので、そのような状況下での記憶については、憶えていないことも不自然ではないと考えることができます。

## ❷ 元の経験内容と類似した経験が何度もなされている場合

　一旦蓄えられた情報が貯蔵された後に影響を与える要因として類似要因というものがあり、貯蔵内容と類似した情報が入力されることにより混同され、入れ替わってしまうことをいいます。たとえば、何回も同じところへ旅行をしていると、ある経験がいつのものだったか曖昧になり、時に関して思い違いをし、記憶内容が変更してしまうような場合です（太田信夫編『記憶の心理学』放送大学教育振興会、2008年、26〜27頁）。

　ごく日常的な出来事など、同様または類似する行為が長期にわたり繰り返されている場合に、その中の特定の行為を思い出せない、または混同してしまうことは心理学的にも説明が可能ということです。

## ❸ 想起困難とする要因

　たとえば、人名は、その他の固有名詞（地名、商品名、本のタイトルなど）に比べ、想起困難を経験する頻度が高く、特に友人や知人など、本来よく知っていて普段ならすぐに思い出せるはずの人物名で、想起の失敗（いわゆるど忘れ）が起こりがちであることが報告されています。

　その理由としては、①恣意性（それがつけられている必然性がない）②想起頻度の低さ（人物に関する他の情報に比べ名前は想起する頻度が少ない）③イメージ化の困難さ（イメージ化できるものは、記憶に残りやすく想起もしやすいが、名前はそれを具体的なイメージに変換することが難しい。また自発的にイメージ化がされることもほとんどない）などが挙げられています（太田信夫編『記憶の心理学』放送大学教育振興会、2008年、182〜183頁）。

　したがって、人名に限らず、①恣意性、②想起頻度の低さ、③イメージ化の困難さを伴う事項に関しては、そうでない事項と比較して相対的に忘れていても不自然ではないと考えることができます。

## 4 印象的または重要な出来事に関する記憶

　判決文を読んでいると、印象的または当事者にとって重要な出来事であると考えられるにもかかわらず、それに関する記憶がないというのは不自然である、とのフレーズをよく見かけます。

　ところが、過去の日記を用いた実験結果では、必ずしもそのような結果とはなっていないようです。

　心理学者であるリンゼイら（Lindsay & Read, 2006）は新聞広告を通じ、過去に一定期間、日記をつけていたことがあり、日記を保管している人を募った上で、日記に記されていた特定の出来事を指定して思い出してもらい、日記を見て正誤を確認するという実験を行いました。その結果、多くの出来事について実験的参加者はまったく記憶がないと報告されており、特に、印象的な、あるいは重要な出来事についてまったく記憶がないことに参加者自身が驚いているケースが多く見られた、という結果がでています（太田信夫編『記憶の心理学』放送大学教育振興会、2008 年、141 ～ 144 頁）。

　なお、このような結果に対しては、「彼らのデータは、私たちは出来事を経験した、というだけで出来事を後々まで憶えているということは少なく、経験の後で何度も思い出す、あるいは家族や友人などと話し合うなどによって、自伝的記憶は長期にわたり保持されることを示しているのかもしれない」との意見が示されています（太田信夫編『記憶の心理学』放送大学教育振興会、2008 年、144 頁）。

## 3. 注意すべき記憶

### 1 共同想起

　出来事の後で家族や友人などと話し合うことによって、自己にかかわる出来事、経験に関する記憶（自伝的記憶）が長期にわたり保持されるとしても、そのような記憶には、以下の実験結果のとおり、プラスの側面とマ

イナスの側面の両方の効果が存在します。

　実験内容は、大学の授業中、学生には事前に知らせずに、１人の若者が置き忘れた本をとりたいと授業中の教室に入ってきます。教室に入ると、この若者は、突然、ある受講生のハンドバッグを奪って逃走します。しばらくして、この出来事が、心理学実験のための芝居であったことが明かされます。その後、受講生には、ハンドバッグを盗んだ人物の容姿や行動など、目撃した出来事についての質問書に対しての回答が求められ、さらに数名のグループに分けられた後に、さきほどと同じ質問に対し、今度はグループ内で話し合った上での回答が求められました。

　その結果は、グループで話し合った上で思い出した回答は個人での回答に比べ、出来事について多くの情報を思い出すことができた反面、実際の出来事とは違うことを答えてしまうという間違いが増えるというものでした。つまり、他の人と記憶を支え合うと、出来事についてより多くの正しい情報を得ることができると同時に、誤った情報もより多く生み出してしまうというものです（高木光太郎『証言の心理学』中央公論新社、2006年、47 ～ 48頁）。

　そのため、当事者のみならず証人が存在する場合には、過去の記憶の共同想起の有無、程度について、まず確認する必要があるといえます。そして、多くの場合、共同想起を経ているのが通常である以上、その供述にはこのようなプラスの側面とマイナスの側面を併せ持っていることに留意する必要があります。

　なお、裁判上、証人の供述の信用性については、証人が当事者の身内や会社内での上司部下の関係、その他何らかの利害関係を有しており、証人が当事者の供述に沿った内容の供述を行っているような場合に、当事者の供述の信用性がないと判断されれば、当該証人の供述の信用性についても、詳細に検討されることなく否定される傾向にあります。

　たとえば、「証人乙川夏子は被告乙川の妻であり、被告乙川の供述に沿っ

た内容を供述しているものであって、上記被告乙川の供述について述べた
のと同様に信用できないものである」とした福岡地裁平成 17 年 3 月 31 日
判決、「本件取引全般を担当した被告 H の供述が信用できないとすれば、
被告 H の部下である A の原審証言や乙第 40 号証の陳述書の記載も採用
することができず、他には、前記認定を左右する証拠は見当たらない」と
した大阪高裁平成 15 年 9 月 25 日判決、「本件の争点である追認の有無に
ついては、F の証言如何によって、その有無が決せられるところ、その結
果次第では、本件訴訟後に改めて被告から F に対する損害賠償責任が追及
される可能性も多分に存することになるし、上記事実から窺える被告と F
との関係からすれば、F がことさら被告のために有利に供述する可能性も
否定できないから、被告の主張に沿う内容の同人の陳述ないし証言は、一
般的にその信用性が相当程度減殺されるという余地がある」とした大阪地
裁平成 19 年 5 月 23 日判決などが挙げられます。

## ❷ 記憶の変容

　記憶は、要求、期待、興味、知識、信念などの影響を受けて、本人も知
らないうちに変容することがあります。

　水準化、強調化という変容の場合、たとえば、次頁の図で左右の先端の
うち右が少し長いものをみてもらい、1 週間後に記憶を再生した結果、特
徴がなくなり左右が同じようになる傾向（水準化）と、特徴がさらに強調
化され右が長くなる傾向（強調化）を示す実験結果が存在します（Wulf, F. が
行った図形の記憶の変容の例、太田信夫編『記憶の心理学』放送大学教育振興会、
2008 年、30 頁）。

水準化

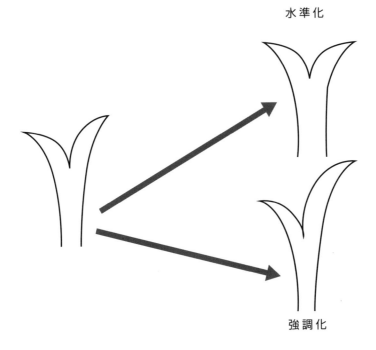

強調化

　また、事後情報効果といって、ある元になる記憶があるとすると、その後の異なる情報により記憶が塗り替えられてしまう例があります。たとえば、ひき逃げの現場の目撃証人が、最初は「赤い車が猛スピードで逃げた」と証言していたにもかかわらず、その後、その道路では緑の車がよく乱暴な運転をしていたということを多くの人から聞いた場合には、「緑の車が猛スピードで逃げた」と証言してしまうような場合です（太田信夫編『記憶の心理学』放送大学教育振興会、2008 年、31 頁）。

　そのため、問題となる供述内容に関しても、水準化や強調化が行われていないか、または出来事を経験した後にその後の異なる情報を見聞きしたことはないか、との意識を有しつつ、変容をきたす要因に心当たりがある場合には、慎重に検討する必要があるといえます。

　その他、出来事の細部に関する記憶を変更させる 2 つの力として、「常識」

と「意味」の力があるとされています（高木光太郎『証言の心理学』中央公論新社、2006 年、25 頁）。出来事全体の大枠は保持されているものの、記憶にはっきりと残っていない出来事の細部の記憶は失われている場合、その失われた部分が常識・スクリプト（出来事の普通の流れに関する知識）や出来事の意味（自分なりの視点や意味づけ）によって穴埋めされ、その結果、出来事の細部に関する記憶の変容が生じやすいとされています。この場合、出来事の細部に目を向けると不正確きわまりないが、出来事全体の趣旨（要するにどういう出来事だったのかということ）を保持し、伝えるという点では正確であったということもできると評されています（高木光太郎『証言の心理学』中央公論新社、2006 年、25 〜 29 頁）。

　なお、裁判例においても、刑事事件に関するものですが、強姦致傷事件に関する被害者の供述の信用性が争点となった東京地裁平成 6 年 12 月 16 日判決では、証人（D 子及び F）の証言の信用性に関し、被害者（A 子）の受傷状況に関する客観的証拠やその他の証言内容を検討した上で、「そもそも、D 子及び F の各証言によれば、ア及びウの当時、同人らは A 子から被告人に暴行を受け強姦された（あるいは強姦されそうになった）と打ち明けられ、暴行の態様についても具体的に聞かされていることが認められるから、D 子及び F については、右のような A の話に影響されて受傷状況を誇張して証言している可能性も否定できない」として、その信用性を否定しています。

### 3 符号化条件と検索条件

　刺激を受容し頭の中に蓄える際（符号化・記銘）の部屋の様子といった周りの状況等と、それを思い出す際（検索・想起）の状況とが一致している場合には、そうでない場合に比べ、記憶成績がよいという実験結果があります（太田信夫編『記憶の心理学』放送大学教育振興会、2008 年、34 〜 38 頁）。

　そのため、記憶喚起のために、可能であれば、たとえば、当時、問題と

なるやりとりが行われた場所等を訪れ、符号化の状況等と同一環境下にて記憶を想起してもらうことも記憶喚起のための1つの方法といえます。

---

## 4　高齢者の記憶

　加齢による記憶への影響に関し、ワーキングメモリーとエピソード記憶については、加齢の影響が顕著にみられるようです（太田信夫編『記憶の心理学』放送大学教育振興会、2008年、204〜205頁）。

　ワーキングメモリーとは、短い時間、あることを記憶に留めておくと同時に、認知的な作業を頭の中で行うための記憶をいい、たとえば「5－4－3－2」という4個の数字を聞いたら「2－3－4－5」と逆の順に答えるための記憶です。また、エピソード記憶とは、ある特定の時間と場所での個人にまつわる出来事の記憶をいい、たとえば、朝食で何を食べたか、昨日どこへ行ったかといった記憶です。エピソード記憶に関しては、成人期の比較的早い時期から徐々に衰退していきます。

　他方で、短期記憶（数秒から数分の間憶えておく記憶）、意味記憶（誰もが知っている知識についての記憶（たとえば、消防自動車は赤色、日本の首都は東京である））、手続記憶（学習された運動技能の記憶（たとえば、自転車に乗る、スポーツの技能））については加齢の影響はほとんどないとされています。

### POINT

　出来事の大枠は正確であっても、その細部が常識・スクリプト（出来事の普通の流れに関する知識）や出来事の意味（自分なりの視点や意味づけ）よって無意識のうちに変容されていることは多々経験することであり、しかも、それらは通常、動かし難い間接事実や間接証拠等によって裏付けられることがない以上、信用性の判断は非常に困難となり、それが事案の重要なポイントに関係する場合には、最終的には弁論の全趣旨（他の供述等の信用性）によって判断されやすい！

#  2　米国連邦証拠規則からのヒント

## 1. 米国連邦証拠規則

　米国連邦証拠規則では、民事裁判においても伝聞証拠の証拠能力を原則的に否定しますが、法廷外でなされた陳述であっても、その陳述が十分な信頼性を与える状況の下でなされ、信用性の保証がある場合には例外的に証拠能力が認められ、多くの例外規定が存在します。

　たとえば、供述者が、自己の死が差し迫っていることを知り、切迫した死の原因または状況に関してなした供述は、伝聞証言であっても許容されます（米国連邦証拠規則804）。死が目前に迫っている者には嘘をつく動機がないというのが理由です。また、法廷外でなされた陳述が供述者に刑事または民事の責任を負わせるような、供述者の利益に反する陳述も許容されます（同規則804）。自らの個人的な利益を損ねるようなことを、嘘をついてまでいうことはないというのが理由です。

　その他にも、①供述者が実際に体験した出来事を、その出来事を体験している間、もしくはその直後に説明している供述、②驚愕的な出来事や状態による興奮状態下において、その驚愕的な出来事や状態に関する供述、③供述者の当時の心理状態、感情、感覚、体調（たとえば、意図、予定、動機、もくろみ、精神状態、健康状態など）に関する供述なども、伝聞証拠の例外として許容されています（同規則803）。いずれも、虚偽が介入する可能性が少ないというのが理由です。

## 2. 心理学による修正

　もっとも、これら証拠法則が事実認定の経験則として合理性を有するか

どうかについては、心理学的観点からも議論されているところです。

　たとえば、②驚愕的な出来事や状態による興奮状態下において、その驚愕的な出来事や状態に関する供述に関しては、心理学的にみて、このような興奮状態が意識的な虚偽の発言を困難にするとしても、激しい興奮は同時に正確な観察と判断を著しく歪め、時にはほとんど不可能にするおそれさえあるため、およそ事件と時間的に著しく近接してなされた表現は、興奮状態の下になされたと否とを問わず、すべて状況証拠として認容し、その上で発言者及び当時の環境等に照らしてその証拠価値を検討するというのがもっとも合理的な取扱いである、との指摘がなされています（田辺公二『事実認定の研究と訓練』弘文堂、1965年、90～91頁）。その理由として「心理学的には、事件と発言との時間的近接は発言の真実性を保障する上できわめて重要な条件であるが、この条件が守られる限り、たとえ興奮状態の下になされた発言でなくても、当時の環境如何によっては十分信用性のある証拠と考え得る場合がある」ことが挙げられています（田辺公二『事実認定の研究と訓練』弘文堂、1965年、91頁）。

　そのため、単に興奮状態の下になされた発言というだけでその真実性を評価するのではなく、問題となる事柄と発言との時間的近接性や当時の環境等を検討した上で、その発言の信用性の有無が検討されなければならないといえます。

　また、③供述者の当時の心理状態、感情、感覚、体調（たとえば、意図、予定、動機、もくろみ、精神状態、健康状態など）に関する供述に関しても、「心理学的にいえば、判例のいうように、人間の発する言葉自体が発言者の心理状態を常にもっとも正確に表現するものときめてかかることは誤りといわなければならない。人間の行為の動因を評価する際には、個人の『習慣的行動』こそが多くの場合、もっとも重要なのであり、『心理状態』というような、あいまいで誤られやすい概念をこの場合に用いることは危険であって、いわゆる『心理状態』はむしろ発言者の『習慣的行動』を証明

する一つの証拠と考える方が正しいと思われる」としています（田辺公二
『事実認定の研究と訓練』弘文堂、1965 年、95 頁）。

　そのため、供述者の当時の意図、予定、動機、もくろみ、精神状態、健
康状態などに関する供述が、供述者の習慣または常習的行動の延長線上で
の供述であれば、いずれもより信用性の高いものとして考えることができ
ます。たとえば、毎日、一定の時間からジョギングすることを習慣として
いる人物が、その時間前になした「これからジョギングをしてくる」とい
う供述は、その供述内容だけでなく、実際にその後にその人物がジョギン
グを行ったという事実認定に当たっても信用性の高い証拠となるというこ
とです。

---

**POINT**

① 　自己の死が差し迫っていることを知り、切迫した死の原因または状況に関
してなした供述

② 　刑事または民事の責任を負わせるような供述者の利益に反することとなる
供述

③ 　供述者が実際に体験した出来事を、その出来事を体験している間、もしく
はその直後に説明している供述

④ 　事件と時間的に著しく近接してなされた供述（興奮状態の下になされたと
否とを問わず、発言者及び当時の環境等に照らしてその証拠価値を検討）

⑤ 　供述者の習慣または常習的行動の延長線上でなされた当時の意図、予定、
動機、もくろみ、精神状態、健康状態などに関する供述

については、虚偽である可能性は低いとの視点を持ち得る！

---

第 3 章

訴訟提起前の
チェックポイント

# チェックポイント

　以下、訴訟提起前のチェックポイントをまとめてみました。依頼者に対するヒアリング方法、質問方法に留意しつつ、争点、争点に関連する事実関係、その他周辺事情等を時系列に沿ってできる限り詳細に書面化した上で（最終準備書面を訴訟提起前の全情報に基づき、一旦、作成してみるイメージです）、以下のチェックポイントに照らし合わせて問題がないか、再度、確認してみましょう。

**● 客観的証拠・状況との符号・矛盾に関するチェックポイント**

① 供述内容と客観的証拠との間に齟齬、矛盾点は存在しないか

② 客観的証拠との間に齟齬、矛盾点が存在する場合、その客観的証拠自体の信用性（証拠価値）は高いといえるか

③ 客観的証拠が報告証書である場合、作成者（信用性の高い人物によって作成されているかどうか）、作成時期（裁判の証拠として事後的に作成されたものかどうか）、その内容・性質（日々の出来事が特定事項に偏ることなく、事件の前後を通じて、日付とともにその都度、真摯に記載されているかどうか）等の検証がなされているか

④ 一般的に証拠価値が高いとされるカルテ等の報告証書に関して、問題となる事案での特殊事情を丁寧に拾い上げた上で証拠価値の検討が十分になされているか

⑤ メールを証拠として提出する場合、その一連の流れに関するすべて

のメールについても十分に検討がなされているか

⑥　再現実験を行っている場合、再現実験の前提条件が当時の状況と符合したものであるか

⑦　当時の客観的状況を前提とした場合に、供述どおりの事実等があったとする蓋然性を経験則によって主張するに当たり、その経験則自体、どの程度まで確立度の高いものであるか、経験則の例外はあるか、相手方または裁判所がとりうる経験則も意識しつつ主張できているか

- **経験則との照らし合わせに関するチェックポイント**

⑧　前提としている経験則が、その事案に関する個別具体的な事情を前提としても妥当するものか

⑨　経験則に反する事態となっている場合、そのような言動をとったことに関する具体的かつ合理的な理由が存在するか、それを基礎づけるに足りる証拠や間接事実が存在するか、それらが十分に主張・立証されているか

⑩　個別具体的な事案の特性を見ずに経験則の原則・例外という枠組みにとらわれていないか

⑪　経験則の確立度を高めるためにはいかなる手段が存在し、どの程度まで高めることができるか（場合によっては心理学や人間行動学等の研究報告書等を証拠として提出）

⑫　過去の類似する言動・傾向を拾えているか、もしくは相手方からの予想される主張に対して徹底的に弾劾・反証できるか

⑬　世間一般で考えられている確立した常識や偏見の壁を崩すにあたり、本件での特殊事情を裁判官に十分に理解してもらえるよう丁寧に説明できているか

⑭　争点に直接関係する事実関係を主張するに当たり、それを裏付ける、通常、存在してしかるべき証拠を何ら検討しないまま安易に主張して

いないか

⑮　業界での取引慣行に関する経験則や専門的知識を、裁判官にわかってもらえるよう具体例を織り交ぜるなどして十分に説明できているか

### ● 供述内容・態度等に関するチェックポイント

⑯　詳細な内容の供述をしていながら、途中で別の内容の詳細な供述へと変遷していないか（なお、抽象的簡単な内容の供述から具体的詳細な内容への変遷は供述の信用性判断に重大な影響を及ぼさない）

⑰　供述者にとって重大な関心事であったり、印象的な出来事である場合、その他、過去に何度も記憶を喚起する機会があった場合など、通常、記憶に残っていてもおかしくないと考えられる事項に関し供述の変遷、記憶の喪失がないか

　　（参考）心理学上、記憶に残りやすい事項

- 驚きや感動などの感情が伴う記銘（強い恐怖や不安といった情動的ストレスについては一概にいえない）
- 自己に関する記憶
- 人物の性格特性と矛盾する言動
- 出来事の後に共同想起が何度もなされている事項
- 出来事全体の大枠

⑱　供述内容が変遷している場合、その変遷経緯に合理的理由が存在するか

⑲　当初、被害内容をある程度、具体的詳細に主張すべき機会があったにもかかわらず、抽象的な表現や簡単な表現にとどまっていないか、その理由を説明しているか

⑳　質問と回答というスタイルで構成されている供述証拠が存在し、それら供述内容が変遷している場合に、質問者が意図する回答を求める

ような質問方法であったかや、それに対する回答の仕方はどうだったかを検討できているか

㉑　反復継続して行った行為中の特定事項に関して詳細な供述を行う場合、そこまで詳細に記憶に残っていることを合理的に説明できるか

㉒　通常、忘れていても不自然ではない事項に関し、無理に詳細な供述内容としていないか

　　（参考）心理学上、忘れていても不自然ではない記憶

- 著しい興奮状態など正確な観察と判断がなされることが困難と考えられる状況下での記憶
- 元の経験内容と類似した経験が何度もなされている場合
- 恣意性があり、想起頻度が低く、イメージ化の困難さを伴う事項
- 出来事の細部の記憶
- 高齢者のエピソード記憶（成人期の比較的早い時期から徐々に衰退）

㉓　事実の存否自体が争点となる場合（またはそうなると予想される場合）に、供述内容が、実際の体験に基づく詳細さ、具体性、迫真性（臨場感）、心境の吐露等を備えているか

㉔　供述の全部または一部が捏造ないし作話、あるいは妄想によるものと相手方が主張する場合には、そのような虚偽の事実を作出しなければならない動機の不存在、及び供述者自身が相当のリスクや犠牲を払ってまであえて提訴しているのであり、訴訟で勝訴することによって得る利益よりも失うもののほうが大きいことなど丁寧に説明できているか

㉕　供述内容自体に矛盾点や不自然な会話の流れが存在する場合に、そのフォローがきちんとなされているか

㉖　争点に関連する複数の供述内容相互間において齟齬、矛盾点等がないか

㉗　当事者間で争いのない供述内容が存在する場合、当該事実を前提として不自然または整合性を有しない供述が存在しないか

㉘　供述内容自体に、客観的事実に反する、または誇張された事実が存在しないか、以後、それを前提とした不自然な言動を供述内容としていないか

㉙　当時の供述者が認識していた事実ではなく、その後に得た情報の蓄積等に基づいて、現実に体験した事実についての記憶内容が変容・歪曲されていないか

　　（参考）心理学上、留意すべき事項

- 共同想起がなされていないか
- 水準化（当初の特徴がなくなる）や強調化（当初の特徴がさらに強調される）による記憶の変容がないか
- ポイントとなる出来事の細部が常識（出来事の普通の流れに関する知識）や意味（自分なりの視点や意味づけ）によって変容されていないか
- その他要求、期待、興味、知識、信念などの影響を受けて、本人も知らないうちに記憶に変容が生じていないか

㉚　供述内容や言動から伺われる意図、認識と、前後する言動との間に整合性、一貫性が認められるか

㉛　争点を裏付ける、または争点に関連する重要な供述内容に漏れはないか

㉜　供述者（場合によっては相手方等）の人物像についても、折に触れ主張できているか

㉝　全般を通じ、真に自己の記憶に沿った供述内容となっているか

㉞　争点に関連する証拠の証拠価値の検討がなされているか（供述録取書ではなく本人作成の報告書や、身内や社内の部下等、利害関係のある証人ではなく、より客観的な立場にある証人等）

㉟　相手方がどのような証拠を有している可能性があるのか、そのような証拠によって依頼者の供述内容の信用性がどの程度まで弾劾される可能性があるのか検討できているか

　なお、上記チェックポイントをすべて満たさない限り訴訟提起できないという意味ではありません。以下、「**Ⅱチェックポイントを経た上での分析・検討**」を踏まえ、依頼者の意向も確認しながら、事案に応じて判断していくこととなります。

# チェックポイントを経た上での分析・検討

## 争点に直接関係する事項に関する
## 不合理な供述内容

　経験則上、不自然、不合理な言動と思われる供述内容で、しかもそれが争点に直接関係する事項に関する場合には、その理由をいかに当初から合理的に説明できるかどうかが勝敗の分かれ道となります。弁護士が依頼者に対して、当初から包み隠さず、しかも記憶の薄れた事項を正確に聞き出すこと自体、困難を伴いますが、上記リスクを依頼者にも十分に説明し、理解してもらった上で、訴訟を提起するのかどうか、ということ自体から慎重に検討する必要があります。

## 争点に直接関係しない周辺事情に関する
## 不合理な供述内容

　それに対し、不自然、不合理な言動が見られるものの、それは争点には直接関係しない周辺事情に関するもので、それを踏まえても全体の信用性が維持できると考えられるような場合でも、たとえば相手方からの反対尋問で問題となりえます。争点に直接関係しない周辺事情等に関する齟齬、矛盾点を反対尋問で細かく突かれることで、争点に関連する供述内容の信用性をも弾劾されるテストに、耐えることができるかどうかという問題です。

　もっとも、尋問では、言葉だけでなく、供述者の人柄、態度、声、リズム、間、ジェスチャー、目、などその人全体で表現することとなるため、多少言葉足らずであっても、それを補うだけの信用性を裁判官にアピールできる機会は残されています。

　また、問題となっている不自然、不合理な言動に関し、合理的説明ができないのであればあえて無理に行う必要はありません。不自然、不合理な言動をあたかも供述者にとって自然であるかのように語ってしまえば、当該供述だけでなく、その他の供述全体の信用性をも毀損する危険があるからです。

 ## ３　争点に直接関係しない周辺事情等に関する真偽不明の供述内容

　争点に直接関係しない周辺事情等に関し、「だったと思う」「どちらかというとそうだったと記憶している」「はっきりとした記憶はないが確かそうだと思う」など、記憶が曖昧なため真偽が必ずしも明らかとはならない供述内容については、原則として、ストーリーの因果の流れに組み込む形で推認させるに留めておき、その後の訴訟遂行の過程において明らかとなる客観的事実ないし証拠等との照らし合わせによって正確な記憶を喚起しながら補充的に主張していくのが無難でしょう。忘れていても不自然ではない事項については、事案のポイントに関連しない限り、思い出せない理由を簡単に説明した上で、記憶が定かではないことを明らかにしたほうが全体の供述の信用性を高める場合もあります。

# 争点に直接関係する事項に関する
# 真偽不明の供述内容

　それに対し、争点に直接関係する事項に関し、記憶が曖昧である場合には、補充的に後出し主張すること自体、信用性にダメージを与えやすいといえます。

　この場合、弁護士としては、記憶が曖昧であるにもかかわらず、「……である」など断定的な表現を使用していいのか、非常に悩むところです。既述のとおり、心理学上、印象的な、あるいは重要出来事についてまったく記憶がないことも特段、珍しいことではなく、特に被告の立場に立たされている当事者であれば、記憶が曖昧であってもおかしくはないとも考えられます。他方で、事案のポイントとなる重要事項であるにもかかわらず、記憶が曖昧となっていること自体、疑わしいともいえます。

　ひとつの解決策として、供述内容にもよりますが、自己に不利とならないよう、あえて曖昧な供述としているのではない場合、つまり、真に自己の記憶に従った結果、曖昧な供述となっているものと弁護士自身が相当な理由をもって判断できる場合には、たとえば、「Aだと記憶しているが、もしかしたらBかもしれない」という供述内容であれば、「Aである」と表現することも許されるのではないかと考えます。ここでの相当な理由となるのは、立証責任の有無、依頼者と相手方との供述内容の信用性の優越を念頭に、問題となる供述内容以外の供述の信用性を上記チェックポイント等を参考に検討した結果導かれる、弁護士自身の心証です。

　また、相手方がどのような証拠を有している可能性があるのか、そのような証拠によって依頼者の供述内容の信用性がどの程度まで弾劾される可能性があるのかの見極めも必要です。と同時に、相手方において把握している事実関係や証拠があると思われる場合には、求釈明などによって相手方にそれらを明らかにさせるようにしましょう。仮に、争点に関する事実

関係の立証責任を依頼者が負うとしても、相手方においてそれに関する証拠の提出義務がないということではありません。主張・立証責任のない事実については、否認するだけで反証等をしないという相手方の態度に関し、元東京地裁部総括判事村田渉裁判官は、「そのような訴訟態度は民事訴訟法2条に照らして正しいものとはいえないのですから、裁判所と相手方当事者において、事案の解明のために、ひいては適正かつ迅速な民事裁判の実現のために、主張立証責任のない事実についても、主体的・積極的な主張立証活動（反証活動）をするよう強く働き掛けることが必要であろうと思っています」との意見を述べられています（加藤新太郎編『民事事実認定と立証活動　第Ⅰ巻』判例タイムズ社、2009年、433頁）。

　以上と並行しながら、依頼者の信用性に関する情報も、早い段階から、適宜、紹介しておくべきです。供述内容の信用性は、それが誰によって語られているかによって大いに影響を受けやすいからです。依頼者の経歴、職歴、社会的立場・地位など、通常は、陳述書や尋問時において述べられることが一般的ですが、それ以前の段階においても、上記主張の流れの中で触れることができる場合には、さりげなく紹介しておくべきでしょう。

## ⑤　争点に直接関係する事項に関する明確・断定的な供述

　曖昧な記憶とは反対に、依頼者が自信をもって間違いないと断言する供述内容に関しても、共同想起がなされていないか、水準化（当初の特徴がなくなる）や強調化（当初の特徴がさらに強調される）による記憶の変容がないか、ポイントとなる出来事の細部が常識（出来事の普通の流れに関する知識）や意味（自分なりの視点や意味づけ）によって変容されていないか意識した上で、供述内容や供述内容相互間の齟齬、矛盾、不自然性の検討を行い、依頼者にも確認した上で、これら記憶の変容を是正することが必要です。

# 相手方の主張への反論

　相手方の供述内容の信用性への弾劾を行うに当たっては、これまでの依頼者自身の供述内容の精査で行ったことと、まったく逆の検討を行うこととなります。その結果、相対的に依頼者の供述内容の信用性を高めることが可能です。もっとも、相手方の供述内容の信用性が低下したからといって、それが直ちに依頼者の供述の信用性を高めることを意味するものではありません。また、弾劾と同時に、相手方から提出される証拠に依頼者にとって有利となる事実が隠されていないかとの視点も忘れてはいけません。相手方から提出される証拠については必ずしも相手方にとって有利な事情等だけが記載されているのではなく、依頼者にとって有利となる隠れたヒントがどこかに存在するかもしれません。

# 第4章

実践編

# 本章の概要

　本章では、損害賠償請求に関する架空の事案をもとに、とある実務経験
1年目の弁護士（以下「Ａ弁護士」といいます）が、何ら予備知識のない状
態で、被告側の立場で、以下のとおり検討を行い、先輩弁護士からコメン
トや指導を受ける、というスタイルで具体的に説明していきます。

# 事例 1 （介護職員の横領を巡る事案）

　以下、介護職員の横領を巡る事案に関し、次のステップを経た上で、A弁護士のヒアリング方法、準備書面の内容について分析を行います。

- 訴状と依頼者の作成した報告メモの内容をもとに、A弁護士が依頼者に対して単独でヒアリングを実施
- ヒアリング事項に漏れがないか、先輩弁護士によるコメント、指導
- 訴訟手続中に原告、被告から提出された準備書面、証拠、裁判上の鑑定結果をもとに、A弁護士が最終準備書面案を作成
- 最終準備書面案に対して、先輩弁護士によるコメント、指摘

　A弁護士に与えられた資料としては、

① 訴状
② 依頼者の作成した報告メモ

であり、これらの資料をもとに、依頼者に対して単独でヒアリングを行うため、ヒアリング事項を整理しました。

 **訴状**

A弁護士に与えられた資料のうち、「訴状」の内容は以下のとおりです。

# 訴　状

平成 30 年 5 月 1 日

大阪地方裁判所　御中

原告訴訟代理人　弁護士　甲野太郎

当事者の表示（略）

損害賠償請求事件
訴訟物の価額　金 270 万円
貼付印紙代　　金 1 万 9,000 円

## 請求の趣旨

1　被告は、原告に対し、金 270 万円及びこれに対する平成 29 年 9 月 30
　日から支払済まで年 5 分の割合による金員を支払え
2　訴訟費用は被告の負担とする
との判決並びに仮執行宣言を求める。

## 請求の原因

### 第1　当事者

1　原告は、被告の運営する病院（以下「本件病院」という。）に入院
　している訴外原野花子（以下「訴外花子」という。）の弟である。
2　被告は、平成 20 年から本件病院の運営を行う医療法人社団である。

### 第2　被告職員による横領行為

1　原告は、訴外花子の居住費、食費等の生活費に充てるため、平成
　29 年 9 月 30 日、被告の被用者であった訴外従業員乙野（以下「訴外
　乙野」という。）に対し、現金 300 万円を手渡し、これを本件病院に
　管理を任せていた訴外花子名義の銀行口座に入金するよう指示した。
2　訴外乙野は、平成 29 年 10 月 2 日、指定された銀行口座に 30 万円

を入金したものの、残額を入金せず、これを着服した（以下「本件横領行為」という。）。

## 第3　損害の発生

　本件横領行為により、原告は、270万円の損害を受けた。

## 第4　使用者責任

　訴外乙野は、被告の従業員であり、訴外乙野による原告に対する不法行為は、被告の事業の執行について行われたものであるから、被告は損害を賠償する責任を負う。

## 第5　結語

　よって、原告は、被告に対し、使用者責任の追及として、金270万円及び平成29年9月30日から支払済まで民法所定の年5分の割合による遅延損害金の支払いを求めるものである。

### 証拠方法

甲第1号証　領収証（額面300万円）

```
                    領　収　証
                                    29 年 9 月 30 日

        原野　明夫        様


                    ¥3,000,000−

        但
                上記正に領収いたしました

    内訳
    税抜金額                            乙野　春子　㊞
    消費税額等（　％）
```

甲第2号証　預金通帳（訴外花子名義・抜粋）

| | 年－月－日 | | | 摘　　要 | お支払金額(円) | お預り金額(円) | 差引残高 （「」の表示がある場合は お借入残高を表わします。）(円) |
|---|---|---|---|---|---|---|---|
| | | | | | | 普通預金（兼お借入明細） | 8 |
| 1 | 29 | 8 | 21 | | 11,300 | | 174,535 |
| 2 | 29 | 8 | 22 | | | 200,000 | 374,535 |
| 3 | 29 | 8 | 31 | 振替 | 131,000 | ニュウインヒ | 243,535 |
| 4 | 29 | 9 | 15 | | 1,500 | ホケンリョウ | 242,035 |
| 5 | 29 | 9 | 18 | | 14,350 | | 227,685 |
| 6 | 29 | 9 | 29 | 振替 | 128,000 | ニュウインヒ | 99,685 |
| 7 | 29 | 10 | 2 | | | 300,000 | 399,685 |
| 8 | 29 | 10 | 10 | | 5,790 | | 393,895 |
| 9 | 29 | 10 | 13 | | 1,500 | ホケンリョウ | 392,395 |
| 10 | 29 | 10 | 18 | | 6,490 | | 385,905 |
| 11 | 29 | 10 | 24 | | 2,412 | | 383,493 |
| 12 | 29 | 10 | 26 | | 1,400 | | 382,093 |
| 13 | 29 | 10 | 31 | 振替 | 126,700 | ニュウインヒ | 255,393 |
| 14 | 29 | 11 | 6 | | 4,130 | | 251,263 |
| 15 | 29 | 11 | 13 | | 3,618 | | 247,645 |
| 16 | 29 | 11 | 15 | | 1,500 | ホケンリョウ | 246,145 |
| 17 | 29 | 11 | 20 | | 1,638 | | 244,507 |
| 18 | 29 | 11 | 30 | 振替 | 131,000 | ニュウインヒ | 113,507 |
| 19 | 29 | 12 | 4 | | | 200,000 | 313,507 |
| 20 | 29 | 12 | 15 | | 1,500 | ホケンリョウ | 312,007 |
| 21 | 29 | 12 | 18 | | 13,640 | | 298,367 |
| 22 | 29 | 12 | 28 | 振替 | 121,400 | ニュウインヒ | 176,967 |
| 23 | 30 | 1 | 5 | | 9,478 | | 167,489 |
| 24 | 30 | 1 | 12 | | 1,290 | | 166,199 |

○他店支払いの小切手等でご入金のときは、摘要欄にお払戻ができる予定日を表示します。
　お支払可能時刻は小切手等の種類により異なります。詳細は窓口にご照会ください。　　8

## ❷ 依頼者の作成した報告メモの内容

　A弁護士に与えられた資料のうち、依頼者の作成した報告メモの内容は
以下のとおりです。

<h1 style="text-align:center">報告書</h1>

作成者　事務長　丙野一郎
作成日　平成 30 年 6 月 1 日

　花子さんは、平成 27 年 4 月から本件病院に入院しています。花子さんは現在 90 歳と高齢で、アルツハイマー型認知症にかかっており、意思疎通はほとんどできない状態です。花子さんの身の回りや金銭管理は、弟さんである原告が対応していました。原告は、花子さんの生活費用を不定期に持参していましたし、花子さんに治療を施す場合には、本件病院からその旨の連絡を原告にしていました。

　乙野は、平成 20 年から本件病院で勤務をしており、仕事内容は、勤務開始から今に至るまでずっと事務職で、乙野の机は、4 階の事務室内にあります。乙野は、外部からの電話対応、入院や治療に関する諸手続、備品の購入、来客者の対応や、後で述べるように現金を預かったりしていました。

　本件病院では、入院患者のご家族から、生活費用として現金を預かる場合、4 階の事務室の前のオープンスペースで現金を受け取ります。その際、ご家族の目の前で金額を数えて確認し、事務の人間に渡します。事務職員が改めて金額を確認し、ご家族の目の前で預かり証を発行し、捺印して交付します。預かった現金は金庫に保管し、後で入院患者名義の預金通帳に現金を入金していました。

　原告の場合は、毎月ではないものの、1 か月から 2 か月に 1 回くらいの頻度で、1 回あたり 20 万円から 30 万円、多い時で 40 万円程度を預かっていました。また、本件病院全体でも、一度に 30 万円ほどの金額を預かることはよくあります。

　平成 29 年 9 月 30 日、原告が本件病院 4 階の事務室に来ました。本件病院の従業員である乙野が対応し、事務室前にあるテーブルに原告と座りました。その際、原告から現金 30 万円を手渡されたため、乙野は、原告の目の前で 30 万円を数えて確認し、事務の人間にそのまま 30 万円を渡しました。そして、同日付で 30 万円の預かり証を発行しました。預かり証には、

医療法人名とともに担当者として乙野が署名押印し、30万円は、事務の人間が、事務室内の金庫に入れて施錠しました。

その後、平成29年10月2日、乙野は、花子さん名義の預金通帳に、30万円を入金しました。

平成29年10月25日、原告が本件病院に来て、花子さん名義の通帳と印鑑の貸し出しを希望したため、事務の人間が対応し、花子さん名義の通帳と印鑑を原告に渡しました。通帳と印鑑の貸し出しを希望したのは、花子さんの介護用品を購入するのでお金が必要だったからだと聞きました。

その際、原告は、花子さん名義の通帳を見て、「300万円が入っていない」と事務の人間に話しかけたので、事務の人間は、「300万円はお預かりしていないですね」と答えました。原告は、「そうだったかな」と言いながらその日はそれ以上金額の話をすることなく帰りました。

翌日の平成29年10月26日、原告が再度本件病院を訪れ、花子さん名義の預金通帳を見せながら、前日と同じように「300万円が入っていない」として説明を求めてきました。事務の人間が、「9月30日に30万円をお預かりして、10月2日に花子さん名義の通帳に入金しています」、と説明したところ、原告は、「家にあった帯のついた100万円の束を三つ持ってきて渡した」と説明して帰りました。

平成29年10月31日に、原告が本件病院に再び来て、「9月30日に300万円を預けた」と繰り返し説明しました。その際、300万円の出処については、原告名義の通帳から引き出したものだと説明していました。また、原告は、9月30日に300万円を預けた際、乙野から、「30万円しか預かれない」と言われた、それで30万円以上の部分は花子さん名義の預金通帳に入金されているものと思っていたと述べました。

その後も、原告は、平成29年11月10日に来て、「9月30日に300万円を預けたのは間違いない」と繰り返し説明しました。その際、原告名義の預金通帳を持参していたので、本件病院の職員で内容を確認したところ、9月30日の前日の9月29日付で、300万円を積立預金に預け入れた履歴がありました。原告に対して、「9月30日に本件病院に預けたと主張している300万円について、実は9月29日に積立預金に預け入れたのではないか」と質問しましたが、原告は、「9月30日に本件病院に預けた300万

円は通帳から引き出したもので、積立預金に預けたのはもともとずっと家にあった現金で、別だ」と説明し、話は噛み合いませんでした。この日以降、300万円の出処に関する具体的な話し合いはなく、今般、原告から訴訟を提起されました。

　原告は、平成29年10月当時、既に80歳の高齢で、たまに同じ話を繰り返したりするなど、少し複雑な内容だとこちらから何度も同じ説明をしないとご理解いただけないこともありました。

　本件病院では、一度に300万円もの大金を預かる必要はないです。乙野に何度も確認しましたが、そのような大金は受け取っていないと述べており、原告の主張には到底納得できません。

以　　上

 ## 3　A弁護士による依頼者へのヒアリング

　以下は、A弁護士が、被告訴訟代理人の立場として、上記の訴状及び報告メモの内容のみをもとに検討したヒアリング事項です。

### 1. 丙野一郎事務長に対するヒアリング

【A弁護士】

　平成29年9月30日に30万円を受け取ったことが確認できる領収証や預かり証、または本件病院の帳簿はありますか。

【回答】

　はい、預かり証の写しを保管しています。

【A弁護士】

　領収証を発行することはないのでしょうか。

【回答】

　平成20年ころは領収証を発行することもありましたが、平成22年以降は病院独自の預かり証で統一しています。

【A弁護士】

　どのような役職の従業員が現金を預かるのでしょうか。預かる人は決まっていたのでしょうか。

【回答】

　特に役職による制限はなく、事務職員ならだれでも預かっていました。患者ごとに担当を決めているわけではなく、来訪者の対応をした者が預かることになっていました。

【A弁護士】

　平成29年9月30日に現金の受け渡しを目撃していた第三者はいますか。

【回答】

　テーブルには原告と乙野が座っていただけで、同席していた者はいません。ただ、事務の人間に30万円を渡して金庫に保管してもらい、預かり証を受け取っているので、事務の人間はやり取りを知っているはずです。

【A弁護士】

　本件病院では、1回で預かる金額の上限を30万円にしているのでしょうか。

【回答】

　いいえ、そのような取り決めはありません。

【A弁護士】

　仮に30万円以上を入院患者の家族が持参した場合、どのように対応していますか。

【回答】

　額にもよりますが、よほどの高額でない限りはお預かりしています。

【Ａ弁護士】

これまでに預かった最高額はいくらですか。

【回答】

私の知る限りでは、100 万円くらいだと思います。

【Ａ弁護士】

もし 100 万円以上の現金を持参した場合、対応する事務職員が上司に預かってよいか確認を取ることはないのでしょうか。

【回答】

病院内でルールは決めていませんし、実例がないですが、100 万円を超えるような金額の場合には、事務室内で預かってよいか確認すると思います。

【Ａ弁護士】

原告に対して、1 回につき 30 万円までしか受け取れません、と話をしたことはありますか。

【回答】

いいえ。

【Ａ弁護士】

平成 29 年 9 月 30 日に預かって、同月 2 日に入金していますが、すぐに入金しなかったのはなぜですか。

【回答】

9 月 30 日が土曜日で、10 月 2 日が月曜日だったからです。

【Ａ弁護士】

入金日は、何かルールで決まっているのでしょうか。

【回答】

現金を保管するのは危ないので、可能な限り翌営業日に入金するようにしています。

【Ａ弁護士】

原告が平成 29 年 9 月 30 日に預けた 300 万円の出処と主張している原告

名義の預金通帳は見ましたか。

【回答】

　平成 29 年 11 月 10 日の打ち合わせの際に通帳の原本を確認しました。
平成 29 年 9 月 29 日に、300 万円を積立預金に預けた履歴がありました。

【A弁護士】

　4 階の事務室前のスペースには監視カメラや防犯カメラを設置していな
いのですか。

【回答】

　設置していません。

【A弁護士】

　花子さんの過去の生活費はいくらで推移していますか。

【回答】

　毎月だいたい 10 万円から 15 万円の範囲内で、大きな変動はありません。

【A弁護士】

　居住費や食費といった生活費用は現金払いですか。

【回答】

　いいえ、入院患者名義の預金口座から振り替えています。

【A弁護士】

　乙野さんが預かった 30 万円は毎月の居住費や食費として預かったので
すか。

【回答】

　そのほかに、入院に際して発生する電話代、理容費用、娯楽費等の諸雑
費の支払いに充てるために預かっていると思います。

【A弁護士】

　入院患者名義の預金通帳をどこで管理しているのですか。

【回答】

　事務室内の金庫で管理しています。

【A弁護士】

　金庫の鍵はどこで誰が管理しているのですか。

【回答】

　事務長である私が管理しています。

【A弁護士】

　入院患者の家族が現金を持参した際に、使途ごとに分けて受領することはありますか。

【回答】

　入院患者からの要望があれば、預かり証を複数に分けて発行する場合はありますが、受領する際は一緒に受け取ります。

【A弁護士】

　過去にも、本件病院の職員が花子さん名義の預金通帳に入金したことはありますか。

【回答】

　あります。

【A弁護士】

　花子さんの家族が花子さん名義の預金通帳に入金することはありましたか。

【回答】

　一般的に、家族が直接当該口座に振込送金する場合もありますが、花子さんの場合は、原告が現金を持参していました。

【A弁護士】

　何か介護用品を購入するなど出費が必要となった場合、入院患者の家族が、本件病院にて預かっている預金通帳からお金を引き出せるのでしょうか。

【回答】

　入院患者の家族のご希望があれば、預かっている入居者名義の預金通帳と印鑑を貸し出して、引き出しをしてもらうことはあります。

【A弁護士】

　今回のトラブルよりも前に、原告、乙野さん、その他の事務職員との間で入出金に関するトラブルはありましたか。

【回答】

　いいえ。

【A弁護士】

　数千円、数万円といった少額のトラブルもありませんでしたか。

【回答】

　いいえ、ありません。

【A弁護士】

　原告が、平成29年10月25日に「300万円を預けた」と主張し始めて以降、どのような調査を行いましたか。

【回答】

　実際に現金を受領した乙野にヒアリングを行ったほか、当日、事務として現金を受け取った者や、当日事務室にいた者からもヒアリングを行いましたが、300万円を受け取ったことを裏付けるような話は出てきませんでした。

## 2. 訴外乙野に対するヒアリング

【A弁護士】

　原告は、平成29年9月30日、どのようにして30万円を持ってきましたか。

【回答】

　原告のリュックサックの中に入れていました。

【A弁護士】

　30万円を預かった際、何の費用として預かるのか、理由は聞きましたか。

【回答】

　原告が生活費用を持ってきたと言っていました。

【Ａ弁護士】

　30万円を預かった際、金額について原告と話をしましたか。

【回答】

　原告の目の前で数えて、30万円ですねと確認しました。

【Ａ弁護士】

　30万円も預かることについて、疑問に思いませんでしたか。

【回答】

　30万円預かることはたまにありますので、疑問には思いませんでしたし、入院患者のご家族の意向なので、そのまま預かりました。

【Ａ弁護士】

　原告は、どのような頻度で本件病院に生活費用を持参していたのでしょうか。

【回答】

　不定期でしたが、1か月から2か月に1回の割合で、金額は20万円から30万円くらいだったと聞いています。

【Ａ弁護士】

　平成29年9月30日に30万円を預かった際、本件病院では1回につき30万円までしか預かれません、と言いましたか。

【回答】

　いいえ。

【Ａ弁護士】

　原告から30万円を預かった後、すぐに事務の方に現金を渡したのですか。

【回答】

　はい。

【Ａ弁護士】

　事務の方にも30万円を数えて確認してもらいましたか。

【回答】

　はい。

【A弁護士】

　平成29年9月30日付で、原告宛の30万円の預かり証にある署名押印は乙野さんがなされたものですよね。

【回答】

　はい。

【A弁護士】

　原告は、甲第1号証として、乙野さんの署名捺印のある300万円の領収証を提出していますが、ここにある署名押印は乙野さんがなされたものですか。

【回答】

　いいえ。甲第1号証はこれまで見たことがなく、訴訟になって初めて見ました。

【A弁護士】

　もし、原告が300万円を持参していたら、乙野さんはその時どのように対応したと思いますか。

【回答】

　事務室内で預かっていいか確認して、預かったと思います。

【A弁護士】

　過去に、本件病院の入院患者やその家族と金銭トラブルになったことはありますか。

【回答】

　いいえ。

【A弁護士】

　日常的に、入院患者の家族から金銭を預かったり、入院患者名義の通帳を管理したりしていたのですか。

【回答】

　通帳は事務室の金庫で管理されており、私が管理していたわけではありません。入院患者の家族から金銭を預かることは多々ありました。

# 4 A弁護士のヒアリング対応の問題点

## 1. 総論

　A弁護士は、訴状を受け取った病院担当者と、早速打ち合わせを行って事案の把握に努めています。紙面の都合から、争点に関連した事項を端的にヒアリングする形になっていますが、実際はこのようにはいきませんし、また、そのようなやり方が常に効果的というわけでもありません。

　そもそも、ヒアリングの仕方については、こうでなければならないという決まり事のようなものがあるわけではありません。対象者の属性、関係性や時間的制約等、その場の状況に応じて自ずとパターンは決まってくるものです。

　ヒアリングを進めながら意識しておくべき視点として、争いのない事実と争いのある事実の区別、があります。まず、時系列に沿って聞きながら、相手の主張と合致しているものとそうでないものを区別していき、「争点」をつかみます。そして、相手の主張と合致していない点については、当方の主張を裏付ける証拠の有無や間接事実がないか、視野を広げてヒアリングをしましょう。また、こちらの主張が客観的証拠と整合しない場合は、当該証拠の真正性や信用性についてヒアリングをする必要がありますし、場合によっては、こちらの主張の正確性や信用性を吟味するためにさらなるヒアリングを行う必要があるかもしれません。

　もう一つの視点として、あるはずの事実は何か、というものがあります。

仮に原告の主張が正しければ、

- 　原告はこういう行動をとっているはずだ
- 　事実関係の発生順序が逆になっているはずだ
- 　○○といった書面が作成されているはずだ

といった具合に、当然にあるべき事実、またはそうあるのが自然な事実、というものを意識しながらヒアリングをすることも肝要です。そうすることで、ヒアリングの内容に厚みが増し、相手の主張の矛盾点や客観的証拠との齟齬を見つけやすくなります。

## 2. 各論

　それでは、具体的に本件の事案について、ポイントを絞って見ていきましょう。

　まず、原告についてですが、仮に原告の主張が事実だとした場合、今回普段と大きく異なる金額を入金しようとしているわけですから、何かそうしようと思ったきっかけや理由があるはずです。直接的には、原告本人に確認すべきことですが、原告の説明と矛盾する事情があるかもしれませんので、そういった観点から、丙野氏や乙野氏に確認を行うことで何か有利な事情が見つかる可能性があります。

　また、原告は300万円を預けたと主張していますが、交渉段階でどういう主張をしていたのか、その詳細を確認することで、原告の主張が不自然に変遷している場合には、原告の主張の信用性を崩せる可能性があります。そういった観点から、「原告が最初に病院担当者に対して300万円を預けたと主張した際の原告の発言内容や様子」、「原告が預けたと主張している300万円の出処についてどのように説明していたか」といった事実をヒアリングすべきです。

　加えて、原告本人の属性についても、普段接している中で認識した事実

関係から、例えば認知症気味であるとか、物忘れが激しいといった属性が明らかになれば、同じく原告の主張の信用性を崩せることになります。そういった観点から、「原告は同じ話を繰り返すなど不審な挙動がなかったか」、「原告との会話はスムーズにできたか」、「原告が乙野氏や丙野氏をはじめとする病院関係者に対して言いがかりをつけていなかったか」といった事実をヒアリングすべきです。

　次に、乙野氏についてですが、仮に乙野氏が横領していた場合、それが計画的な犯行か突発的犯行のいずれかということになります。具体的には、乙野氏は事前に原告が現金を預けに来ることを知っていたか（アポイントがあったか）、現金の受け入れは担当制だったのか、それともたまたま乙野氏がこの日偶然居合わせたのか、といった事項を確認しておくべきです。もちろん、乙野氏が、相手方や時期を特定せず、およそ現金を受け入れる場面に遭遇すれば横領するつもりだったという可能性も否定はできませんが、そのような大胆な犯行を行うこと自体ハードルが高いといえます。

　また、原告の主張によれば、乙野氏は300万円を受け取り、30万円と270万円に分けて、270万円を着服したことになります。そうすると、当然ながら乙野氏は受け取りの場面を第三者に見られないようにしていたはずであり、周囲の環境も人の目につきにくいものであったはずですから、この点を丙野氏または乙野氏に確認すべきです。さらに言えば、A弁護士はこのヒアリングの後、現地に行って現金の授受された現場を確認し、およそ上記のような環境とはいえないと確認できれば、その状況を写真に撮影したり図面に落とし込んで証拠として提出することも考えられます。

　なお、原告が主張するような大胆な方法で、乙野氏が270万円を着服したとすると、当然ながらその動機があるはずです。そのような観点から、A弁護士としては、乙野氏の属性や経済状況、さらには家族や親族の資産状況なども詳しくヒアリングを行う必要があります。もっとも、唐突に乙野氏のプライベートな事情を聞こうとするのではなく、なぜこのような質

問を行うのか（乙野氏の経済状況に問題がないことを主張することでこちらが有利になるためにそれに関連する事情をお聞きする等）をまずは説明した上で質問する等の配慮は必要です。

# 5　答弁書、準備書面及び各書証

　依頼者からのヒアリングを踏まえて、訴訟が進行し、原告、被告から、それぞれ、以下のとおり答弁書、準備書面、各書証が提出されました。

## 1. 提出した答弁書

　提出した答弁書は、以下のとおりです。

---

平成30年（ワ）第○号　損害賠償請求事件
原告　　原野明夫
被告　　医療法人社団○○会

答　弁　書

平成30年6月20日

大阪地方裁判所第○民事部　御中

（送達場所）〒○○○○<br>住所・TEL・FAX（略）<br>被告訴訟代理人弁護士　　丁野三郎

**第1　請求の趣旨に対する答弁**
　1　原告の請求を棄却する

---

2　訴訟費用は原告の負担とする

との判決を求める。

## 第2　請求の原因に対する認否
### 1　「第1　当事者」について
認める。

### 2　「第2　被告職員による横領行為」について
(1)　第1項のうち、原告が、平成29年9月30日、本件病院で勤務していた訴外乙野に対し、訴外花子の本件病院の生活費用等に充てるため、現金30万円を手渡したとの限りで認め、その余は否認する。

甲第1号証には、訴外乙野名義の署名と乙野名下の捺印があるようであるが、訴外乙野が作成したものではない。

訴外乙野が同日に原告に交付したのは、金30万円の預かり証（乙1・預かり証）である。

(2)　第2項のうち、訴外乙野が、同月2日、指定された銀行口座に30万円を入金したとの点については認め、その余は否認する。

上記（1）で述べたとおり、訴外乙野が原告から受領したのは30万円のみであり、その全てを指定の口座に入金している。

### 3　「第3」ないし「第5」について
否認ないし争う。

## 第3　被告の主張
### 1　訴外乙野による横領行為はありえないこと
### (1)　本件領収証（甲1）が偽造されたものであること
訴外乙野が平成29年9月30日に原告に交付したのは30万円の預かり証（乙1）であって、訴外乙野名義で作成された領収証（甲1、以下「本件領収証」）は作成、交付していない。

本件領収証は、本件訴訟が提起されて初めて被告に提示されたものであり、その提示の経緯は不自然である。

　また、本件領収証に捺印された訴外乙野名下の印影は、訴外乙野が預かり証（乙1）に捺印したものと、輪郭の大きさが若干異なっている。

　さらに、訴外乙野が悪意をもって横領したのであれば、自らの犯罪行為の証拠となる本件領収証を原告に交付するはずがない。

## (2)　被告が本件病院に 300 万円を持参すること自体極めて不自然であること

　本件病院では、生活雑費や日用品の購入費等を合計しても、1 か月あたり 10 万円から 15 万円で十分であった。また、訴外花子の金銭管理は原告が行っており、本件病院への預け金は、1 か月から 2 か月に1 回程度、金額は、20 万円から 30 万円程度であった。

　そのような状況で、原告が 300 万円もの大金を本件病院に預けるとは考え難い。

## (3)　訴外乙野が横領することは物理的に不可能であること

　本件病院では、入院患者の家族等が預かり金の現金を持参した場合の病院職員の対応は、概ね以下のとおりである。

　①　来所者に事務室前のテーブルに座ってもらい、そこで現金を受け取る。その際、来所者の目の前で金額を数える。

　②　対応した従業員は、来所者から受領した現金を事務室内の事務職員に渡し、事務職員が改めて金額を確認して、現金を金庫に入れる。

　③　金額の確認が終わると、対応した従業員が来所者の目の前で預かり証を作成し、医療法人名とともに対応した従業員が署名押印して交付する。

　④　後日、職員が預かった現金を入院患者名義の口座に入金する。

　訴外乙野は、平成 29 年 9 月 30 日に原告が来所した際も、これと同じ流れで対応しており、テーブルはオープンスペースであって、300 万円から 30 万円を抜き出したり、残りの 270 万円を隠匿したりすれば、カウンター越しに他の職員が容易に気づくことができる状況であった。

## （4）小括

　　以上のとおり、本件領収証は偽造されたものであることに加え、原告が本件病院に300万円を預けようとしたとの主張が不自然であり、本件病院の運用や金銭授受がなされた場所の状況等に照らせば、訴外乙野が原告から受領した300万円のうち270万円を横領することは不可能である。

（答弁書別紙見取図）

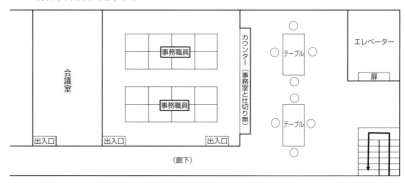

乙第１号証（預かり証）

## 2. 原告から提出された準備書面

答弁書を受けて、原告から提出された準備書面は以下のとおりです。

---

平成 30 年（ワ）第○号　損害賠償請求事件

原告　　原野明夫

被告　　医療法人社団○○会

### 原告第 1 準備書面

平成 30 年 8 月 20 日

大阪地方裁判所第○民事部　御中

原告訴訟代理人弁護士　甲野太郎

### 第 1　原告が 300 万円を預けた経緯

原告は、家計簿で手持ちの現金の出入りを付けていた。家計簿によれば、平成 29 年 3 月 20 日、原告の親族から 350 万円を現金で受け取ったことが確認できる。原告は、この現金 350 万円について、現金のまま自宅で保管していた。

また、原告は、自身の預金口座から同年 9 月 25 日に 350 万円を引き出しており、この時点で合計すると手持ちの現金は少なくとも 700 万円はあった（甲 3）。

原告は、この手持ち現金の中から、同年 9 月 29 日に 300 万円を積立預金に預け入れ、同年 9 月 30 日に帯のついた 100 万円の束の状態で 300 万円を本件病院に預けた（甲 3）。

これらの金銭の流れについては、原告は当初から被告職員に説明していたが、被告は原告の勘違いであるとして取り合わなかった。

原告は、1 か月から 2 か月に 1 回のペースで、本件病院にお金を預けに行っていたが、高齢になり、頻繁に預けに行くのは煩雑であった。そこで、手元に現金がある際にまとまった金額を入院費用に充てるために 300 万円を入金したものであって、不自然ではない。

## 第 2　本件領収証、預かり証の作成経緯

　　原告が 300 万円を預けた際、訴外乙野は 30 万円の預かり証（乙 1）を交付した。原告は、30 万円を本件病院の手元で管理し、残り 270 万円を訴外花子名義の預金口座に入金するものと理解したため、特に疑問を抱かなかった。

　　原告は、訴外花子名義の預金口座を確認したところ、270 万円でも 300 万円でもなく 30 万円のみが入金されていた（甲 2）。このため、原告は、平成 29 年 10 月 26 日に訴外乙野に会った際、どうなっているのか確認したところ、訴外乙野は、同年 9 月 30 日付けで 300 万円の領収証を作成して原告に手渡した（甲 1）。

　　被告は、訴外乙野が 270 万円を不法に領得していたなら、安易に 300 万円の領収証を発行するはずがないと主張する。しかしながら、訴外乙野は、原告が高齢であり、判断能力が劣ると考えていたため、30 万円の預かり証を発行して原告を騙そうとしたのである。その後、原告から 300 万円の件で質問を受けたため、その場を収めるために 300 万円の領収証を発行したものである。被告の正式な預かり証ではなく、市販されている領収証を使用したのは、真に被告として預かったことを示すのではなく、その場を収めるためであり、判断能力の劣った原告を騙せると考えたからである。

## 第 3　本件領収証を被告に提示しなかった理由

　　平成 29 年 10 月 31 日、同年 11 月 10 日の時点で、原告は、本件領収証を被告に示していない。これは、原告が本件領収証の保管場所を失念していたためであり、この時点では 300 万円の現金の存在を説明しようとしたが、被告は取り合おうとしなかった。

## 第 4　本件領収証、預かり証の署名、印影について

　　原告が 300 万円を預けた際に訴外乙野より受領した本件預かり証（乙 1）に記載されている「乙野」の印影と、後日原告が訴外乙野に対して事情説明を求めた際に訴外乙野が作成した 300 万円の本件領収証（甲 1）に記載された「乙野」の印影は、大きさが一致しており、

いずれも同一の印章で押印されたものとしか考えられない。また、本件預かり証に記載された「乙野春子」の署名と、本件領収証に記載された「乙野春子」の署名も極めて類似しており、同一人物が記載したことは明白である。

　以上より、本件領収証を作成したのは訴外乙野であり、訴外乙野が300万円を受領したことは明らかである。

## 甲第3号証（家計簿）

| 日付 | 3月20日(月) | | 3月21日(火) | | 3月22日(水) | | 3月23日(木) | | 3月24日(金) | | 3月25日(土) | | 3月26日(日) | |
|---|---|---|---|---|---|---|---|---|---|---|---|---|---|---|
| 収入 | 繰越 | 514,893 | 繰越 | 4,001,865 | 繰越 | 3,969,327 | 繰越 | 3,938,229 | 繰越 | 3,933,351 | 繰越 | 3,959,699 | 繰越 | 3,952,123 |
| | | 3,500,000 | | | | | | | 息子から | 30,000 | | | | |
| | 内容 | 金額 | 内容 | 金額 | 内容 | 金額 | 内容 | 金額 | 内容 | 金額 | 内容 | 金額 | 内容 | 金額 |
| 支出 | 食費 | 2,790 | 外食 | 1,580 | 食費 | 4,038 | 外食 | 3,478 | 食費 | 2,672 | 外食 | 1,980 | | |
| | 日用品費 | 438 | 食費 | 5,178 | 通信費 | 7,980 | 交通費 | 1,400 | 日用品費 | 980 | 食費 | 796 | | |
| | 被服費 | 9,800 | 日用品費 | 5,980 | 光熱費 | 15,155 | | | | | 交通費 | 800 | | |
| | | | 特別費 | 19,800 | 教養娯楽費 | 3,925 | | | | | 日用品費 | 4,000 | | |
| 収支 | 支出合計 | 13,028 | 支出合計 | 32,538 | 支出合計 | 31,098 | 支出合計 | 4,878 | 支出合計 | 3,652 | 支出合計 | 7,576 | 支出合計 | 0 |
| | 残高 | 4,001,865 | 残高 | 3,969,327 | 残高 | 3,938,229 | 残高 | 3,933,351 | 残高 | 3,959,699 | 残高 | 3,952,123 | 残高 | 3,952,123 |
| 備考 | 350万円を受け取る | | | | | | | | | | | | | |

| 日付 | 9月25日(月) | | 9月26日(火) | | 9月27日(水) | | 9月28日(木) | | 9月29日(金) | | 9月30日(土) | | 10月1日(日) | |
|---|---|---|---|---|---|---|---|---|---|---|---|---|---|---|
| 収入 | 繰越 | 3,894,713 | 繰越 | 7,388,635 | 繰越 | 7,375,257 | 繰越 | 7,341,696 | 繰越 | 7,336,268 | 繰越 | 4,379,756 | 繰越 | 1,372,208 |
| | | 3,500,000 | | | | | | | 息子より | 50,000 | | | | |
| | 内容 | 金額 | 内容 | 金額 | 内容 | 金額 | 内容 | 金額 | 内容 | 金額 | 内容 | 金額 | 内容 | 金額 |
| 支出 | 食費 | 3,442 | 外食 | 1,580 | 食費 | 7,068 | 外食 | 3,280 | 食費 | 2,934 | 外食 | 1,600 | | |
| | 日用品費 | 2,636 | 食費 | 1,838 | 通信費 | 7,980 | 食費 | 168 | 日用品 | 598 | 食費 | 2,470 | | |
| | | | 被服費 | 9,960 | 光熱費 | 14,588 | 日用品費 | 1,980 | 被服費 | 2,980 | 日用品費 | 498 | | |
| | | | | | 教養娯楽費 | 3,925 | | | 銀行へ | 3,000,000 | 被服費 | 2,980 | | |
| | | | | | | | | | | | 医療費 | 3,000,000 | | |
| 収支 | 支出合計 | 6,078 | 支出合計 | 13,378 | 支出合計 | 33,561 | 支出合計 | 5,428 | 支出合計 | 3,006,512 | 支出合計 | 3,007,548 | 支出合計 | 0 |
| | 残高 | 7,388,635 | 残高 | 7,375,257 | 残高 | 7,341,696 | 残高 | 7,336,268 | 残高 | 4,379,756 | 残高 | 1,372,208 | 残高 | 1,372,208 |
| 備考 | 350万円を口座から引き出す | | | | | | | | 300万円銀行に預ける | | 病院に300万円持っていく 花子に会いに行く | | | |

## 3. 印影の鑑定について

　以上のとおり、原告と被告から、それぞれ答弁書と準備書面のやり取りが行われた後、裁判所は双方に対し、領収証（甲1）の真正性に関する立証方針の確認を行いました。原告は、領収証の署名押印は一見して乙野本人のものであることは明らかであるとして、鑑定の必要はない旨述べました。他方で、被告は、領収証は本件の請求原因との関係において、重要かつ直接の証拠であり、その真正性が問題になっている以上は、鑑定によって明らかにする必要があるとの見解を示したところ、裁判所は、被告の見解に理解を示し、被告側の申請の下、印影の鑑定が実施されました。鑑定資料のうち、資料B−2は、訴外乙野が押印した書類を鑑定資料として提出したものです。鑑定結果は、以下のとおりです。

---

　　大阪地方裁判所第○民事部　御中

　　　　　　　　　　　　　　　　　　　　平成30年12月5日

　　　　　　　　　　　　　　　　　　　　　　戊野鑑定事務所
　　　　　　　　　　　　　　　　　　　　　　鑑定人　戊野五郎

**鑑定書**

　平成30年10月20日付決定により、大阪地方裁判所第○民事部裁判官より命じられた印影鑑定の結果並びに経過は下記のとおりである。

記

**鑑定資料**

　　資料A　　　　平成29年10月1日付領収証（甲1）。A印影と呼ぶ。

　　資料B−1　　平成29年10月1日付預かり証(乙1)。B1印影と呼ぶ。

　　資料B−2　　平成29年5月10日付受領書。B2印影と呼ぶ。

　B1印影、B2印影は、同一の印章によって押印されたものとのことである。そこで、B1、B2の印影を総称してB印影と呼ぶ。

## 鑑定事項

　資料Aの訴外乙野名下の印影と、資料B－1、B－2の訴外乙野名下の印影とは、同一の印章によって押印されたものか。

## 鑑定結果

　資料Aの訴外乙野名下の印影と、資料B－1、B－2の訴外乙野名下の印影とは、同一の印章によって押印されたものではない可能性が高いと認められる。

## 理由

(1)　偽造印影か否か

　　A印影、B1印影、B2印影いずれも偽造ではない。

(2)　総合判断

　　A印影とB印影は、マクロ的にみてよく類似しており、重ね合わせ比較検査でも印影全体が概ね良好に重なり合っており、A印影とB印影は類似していると言える。

　　しかし、本件印影は既製印と考えられる。既製印は、同一の母型やデータをもとに作成されるから、同種既製印の印面も似たものとなることを踏まえると、AとBの印影間にみられる類似性は、両者が同種の異なる既製印で押印された場合でも生じ得る可能性がある。

　　同一の印章で押印されたB1とB2の印影間では、輪郭線左下部の太さ、輪郭線下部のくびれの有無の相違がみられないのに対し、AとB1、AとB2の各印影間では一貫して相違が見られること、AとB1印影、AとB2印影の全体的な重なり具合はB1とB2印影の重なり具合より一貫して劣ることを考え合わせると、AとB印影は、同一の既製印で押印された可能性より、同種の異なる既製印で押印された可能性の方が高いと考えられる。

　　よって、A印影とB1、B2印影とは、同一の印章によって押印されたものではない可能性が高いと認められる。

以上

## 4. 原告本人尋問の内容について

　以上のとおり、主張整理が終了する目途がついたので、原告・被告から人証申請がなされました。原告は原告本人を、被告は訴外乙野をそれぞれ人証申請し、本人尋問、証人尋問が行われました。以下、原告本人尋問調書の抜粋のみ紹介します。

### ■1 原告に対する本人尋問・主尋問

【原告代理人】

　あなたは、平成29年9月30日ころ、花子さんが入院している病院に300万円を持って行った記憶はありますか。

【原告】

　はい。

【原告代理人】

　同じような時期に、銀行にも300万円を持って行った記憶はありますか。

【原告】

　はい。

　　　　　　　————甲第3号証を示す

【原告代理人】

　9月29日のところに、300万円を銀行に預ける、と書いてありますが、これは9月29日に書いたことに間違いないですか。

【原告】

　はい。

【原告代理人】

　9月30日のところに、病院に300万円持っていくと書いてありますが、これは9月30日に書いたものですか。

【原告】

そうです。

【原告代理人】

なぜ300万円も持って行ったのですか。

【原告】

いちいち支払いをするのが大変なので、まとめて払ったらいいと思って
持って行ったと思います。

　　　　　　————甲第3号証を示す

【原告代理人】

家計簿は自分で付けていたのですね。

【原告】

そうです。

【原告代理人】

平成29年9月末ころ、700万円以上手元にあったのですか。

【原告】

そうだったかな。たくさん手元にないと不安なので。


## ２ 原告に対する本人尋問・反対尋問

【被告代理人】

あなたが病院に持って行ったという300万円は、もともとどこにあった
お金ですか。

【原告】

通帳からお金を出して持って行ったと思います。

【被告代理人】

もともと自宅で保管していた現金から持って行ったのではないですか。

【原告】

自宅にもお金はあったので区別できないです。

【被告代理人】

　最初、あなたが乙野さんに300万円渡したはずだという話をしたとき、家にあった帯付きの札束を3つ持って行ったと言っていませんでしたか。

【原告】

　覚えていません。

【被告代理人】

　300万円を持っていくとき、事前に病院にその旨連絡をしましたか。

【原告】

　いいえ。

【被告代理人】

　9月29日に300万円の積立預金をしていますが、そのことについて、当初から話をしていましたか。

【原告】

　積立預金のことは忘れていました。

【被告代理人】

　9月30日当時、あなたは、病気になったり、怪我をしたりなど、体調面で変化はありましたか。

【原告】

　いいえ、特に変わりはありません。

　　　　　　————甲第1号証を示す

【被告代理人】

　これは、あなたが乙野さんから貰ったと主張する領収証ですね。

【原告】

　はい。

【被告代理人】

　あなたはこれをどこで保管していたか覚えていますか。

【原告】

　家計簿の中に挟んでいたと思います。

【被告代理人】

　その他の関連する領収証や明細等も家計簿に挟んで保管しているのですか。

【原告】

　そうです。

【被告代理人】

　そうすると量がかさばったり、抜き落ちたりするなど何かと不便かと思われますが、どこか別の場所に保管していたことはないのですか。

【原告】

　覚えていません。

　　　　　　————乙第1号証を示す

【被告代理人】

　これは、30万円の預かり証ですが、300万円を渡したのにおかしいと乙野さんに異議を述べましたか。

【原告】

　いいえ。30万円を現金で預かって、残りは後で通帳に入れておくという意味なのかなと思っていました。

　　　　　　————甲第3号証を示す

【被告代理人】

　家計簿は毎日あなたが自分で付けていたのですか。ある程度まとめてつけていたのですか。

【原告】

　毎日つけていました。

【被告代理人】

　家計簿に繰越金額を書く欄がありますが、この残高も毎日計算して付けていたのですか。

【原告】

　　そうですよ。

【被告代理人】

　　例えば、9 月 28 日には、約 734 万円も現金が手元にあったという記憶はあるのですか。

【原告】

　　734 万円…こんなに現金持っていたかな。家計簿は全て私が付けていましたけど。

 **A 弁護士の作成した最終準備書面案**

　　以上の訴状、答弁書、準備書面、書証、鑑定書、本人尋問・証人尋問の内容を踏まえて、A 弁護士は、被告代理人として、最終準備書面の起案を行いました。

　　A 弁護士が作成した最終準備書面案は以下のとおりです。

---

平成 30 年（ワ）第○号　損害賠償請求事件

原告　　原野明夫

被告　　医療法人社団○○会

**被告最終準備書面**

平成 31 年 2 月 25 日

大阪地方裁判所第○民事部　御中

被告訴訟代理人弁護士　丁野三郎

**第 1　被告の主張**

　　被告が平成 29 年 9 月 30 日当時雇用していた訴外乙野が、原告から現金 300 万円（以下「本件 300 万円」という。）を受領したという事実はない。

---

　原告が提出した平成 29 年 9 月 30 日付の 300 万円の領収証（以下「本件領収証」という。）（甲 1 ）は、訴外乙野が作成したものではなく、訴外乙野が 300 万円を受領したという原告の主張を証明するものではない。また、かかる原告の主張に沿う原告の供述はいずれも客観的事実と整合せず不合理なもので信用できず、原告の主張は立証不十分であり、被告が不法行為責任を負うことはない。以下詳述する。

## 第 2　本件領収証（甲 1 ）が、訴外乙野によって作成されたものではないこと

　原告は、平成 29 年 9 月 30 日、訴外乙野が本件領収証を作成し、原告に交付したと主張する（原告第 1 準備書面）。また、原告もかかる主張に沿う供述をする。

　しかしながら、訴外乙野は、本件領収証を作成していない。

### 1　本件領収証上の印影は訴外乙野が本件預かり証に押印した印影と異なること

　原告は、本件領収証と平成 29 年 9 月 30 日付預かり証（以下「本件預かり証」という。）（乙 1 ）の印影の大きさが同じである（原告第 1 準備書面）と主張する。

　しかしながら、単に印影の大きさが同じであれば同一人物が同一の印鑑によって押印したということにはならず、原告の主張は論理に飛躍がある。原告の主張する事実は、本件領収証が訴外乙野によって作成されたものであることの根拠にはならない。

　また、平成 30 年 12 月 5 日付鑑定書（以下「本件鑑定書」という。）では、本件領収証の印影と本件預かり証の印影とは、同一の印章によって押印されたものではない可能性が高いとの結果が出された。

　本件鑑定は、本件領収証、本件預かり証、及び訴外乙野が作成した平成 29 年 5 月 10 日付受領書（以下「本件受領書」という。）に顕れている印影を重ね合わせ比較検査を行ったものである。本件領収証と本件預かり証及び本件受領書の印影が、輪郭線左下部の太さ、輪郭線下部のくびれの有無に相違が見られ、さらに本件領収証の印影と本件預かり証の印影の重なり具合よりも本件預かり証と本件受領書の印影

の重なり具合が明らかに良好であったことから、上記の結果が得られたものであり、鑑定方法において合理的なものである。

　よって、本件領収証の印影は、訴外乙野が押印した本件預かり証の印影と同一のものではなく、本件領収証の印影は、訴外乙野の押印によって顕出したものではない。

**2　本件領収証の署名は訴外乙野が記載したものではないこと**

　原告は、本件領収証に記載された「乙野春子」の文字と、本件預かり証に訴外乙野が署名した「乙野春子」の文字が類似していることから、本件領収証は訴外乙野によって作成されたものである旨主張する（原告第1準備書面）。

　しかしながら、漢字4文字の程度の署名であれば、容易に偽造可能であるうえ、単に訴外乙野の署名と類似した署名があることをもって、訴外乙野が記載したものとは到底いえない。

　以上の事実より、本件領収証に記載された「乙野春子」の署名は、訴外乙野が記載したものではない。

**3　本件領収証の提示に至る経緯の不自然さ**

　原告の主張によれば、平成29年10月31日、同年11月10日の協議の時点で、原告が本件領収証を被告に示していない理由について、本件領収証の保管場所を失念していたためという。

　しかしながら、本件領収証の存在は、訴外乙野が300万円を横領したと主張する原告にとって重要なものであることは明らかであり、保管場所を失念していても存在を認識していたのであれば、直ちにその存在を主張することが自然な対応であると考えられる。

　これに対し、原告は、平成29年10月31日、同年11月10日の協議の時点で、本件領収証の存在について触れておらず、かかる対応は不自然である。また、仮に、原告の主張するとおり、平成29年10月26日に本件領収証を受け取ったのであれば、その後同月31日、同年11月10日に繰り返し病院を訪問し、被告との間で300万円を預けたか否かを議論する必要などないはずであるが、原告からは、その点に関する合理的理由が何ら説明されておらず、不自然である。

　さらに、原告は、本人尋問において、本件領収証の保管場所につい

て、家計簿（甲3）の中に挟んでいた、と回答したが、別の場所に保管していた可能性を示唆するとその直後には、覚えていないと回答するに至っており、供述内容は曖昧である。

　このように、原告の本件領収証の提示に至る経緯に関する主張及び供述は不自然であり、これは本件領収証が訴外乙野によって作成されたものではないことを原告が認識していたからにほかならない。

## 4　小括

　以上の通り、本件領収証が、訴外乙野によって作成されたことを根拠づける証拠はない。むしろ訴外乙野以外の者が作成したことが明らかであるにもかかわらず、本件預かり証に記載された訴外乙野の署名及び同書に押印された印影と類似の署名及び印影が顕れていることは、本件領収証の提示の経緯の不自然さと併せ考えると、本件領収証が何者かによって、あたかも訴外乙野が作成したものであるように偽造されたものである可能性を示唆するものである。


## 第3　原告の供述が信用できないこと

　原告は、平成29年9月30日に訴外乙野に300万円を渡した旨供述するが、かかる供述は以下の理由により信用できない。

## 1　客観的証拠の不存在

　上記第2の通り、本件領収証は、訴外乙野が作成したものではなく、何者かによって偽造されたものである可能性が高く、その他原告の供述を裏付ける客観的証拠はない。

## 2　原告が主張する本件300万円の原資に関する供述に変遷があること

　原告は、本件300万円の原資について始終一貫性のない言動をしている。具体的には、原告は本件病院において、平成29年10月26日時点では、本件300万円は自宅にあった帯のついた100万円の束を3つ持参したと述べ、同年10月31日時点では、原告名義の通帳から引き出したことを前提に話し合いをしていた。これに対し、訴訟では、自宅に多額の現金を有しておりそこから持参したと主張したり、尋問では「通帳からおろしたお金である」「家にもお金はあったので区別

できない」「（帯付きの束を持っていったと説明したかどうかは）覚えていない」と述べるなど（原告・尋問調書）、その供述に一貫性がない。

本件病院に訴外花子の生活費用のために原告が不定期に持参していた金額は、20万円から30万円程度であったこと、300万円という額が高額であることからすると、300万円の預託は印象的出来事であり、その原資についても通常記憶しているはずである。にもかかわらず、その原資に関して、短期間に供述が変遷しており、原告の供述は信用できない。

かかる供述の変遷は、300万円を支払ったという事実が存在しないにもかかわらず、預けたと記憶違いまたは思い込みをしている可能性を示唆する事情でもある。

### 3　原告が本件預かり証について異議を述べなかったこと

原告は、平成29年9月30日に、訴外乙野から本件預かり証（乙1）を受取り、異議を述べず帰宅している。通常300万円を預けたにもかかわらず30万円の預かり証を交付されれば、異議を述べるのが自然であり、何らの異議を述べなかったことは、300万円を預けていないからであると考えるのが自然である。

この点に関して、原告は、原告は30万円の預かり証を受け取り、のちに270万円を預金に入金されると思っており、この時点では格別におかしいこととも思っていなかったと説明する（原告・本人尋問）。

しかしながら、そもそも、被告では、原告の主張するような一部のみ預かり証を作成するという運用を行っておらず、原告がそのように認識すること自体考えられないため、かかる説明は合理的なものではない。

### 4　事務室前で270万円を領得することは客観的状況と符合しない不可能である

原告の主張によれば、平成29年9月30日に、訴外乙野に、事務室前のテーブルで300万円を現金で渡したが、訴外乙野は、そのうち現金30万円のみを事務室の職員に渡し、残りの270万円を自分の手元に置いて持ち去ったことになる。

しかしながら、訴外乙野が、原告から30万円を受領した場所は、

本件病院の受付カウンターの前にあるテーブルであるところ、他の利用者や本件病院の職員の出入りがあり、またカウンター内に職員もいる状況で、誰一人気づかれることなく300万円のうち270万円を隠すというのは極めて困難である。また、原告は、平成29年9月30日に本件病院に現金を持参することについて訴外乙野に伝えずに突然持参したのであり、訴外乙野が原告から現金を横領するためになんらかの準備や計画を行うこともあり得ず、このような状況で突然270万円を横領するというのは到底不可能であって、原告の説明は客観的状況と符合しない。

**5　原告が300万円を持参する動機がないこと**

原告は、従前、継続して20万円から30万円を本件病院に持参していたところ、平成29年9月30日に限って300万円を持参したと主張している。そして、その理由については、いちいち支払いをするのが大変なので、まとめて持って行ったと説明している（原告・本人尋問）。

しかしながら、平成29年9月30日当時、原告は、病気や怪我をしたことはなく、急な体調の変化もなかった（原告・本人尋問）。原告は、高齢ではあるものの、従前から20万円から30万円を継続して本件病院に持参していたのであり、急に300万円もの現金をまとめて持って行く動機がなく、原告の説明は不自然である。

**6　小括**

以上より、原告の供述は客観的証拠と沿うものではなく、また不自然・不合理なものであり、信用できない。

**第4　訴外乙野の供述が信用できること**

訴外乙野は、平成29年9月30日に、原告から30万円を受領し、本件預かり証を作成し交付した旨を供述する。

かかる供述は、以下の理由により信用できる。

**1　訴外乙野の供述は本件預かり証によって裏付けられるものであること**

平成29年9月30日に、訴外乙野が原告に30万円の預かり証を交付したことは本件預かり証により客観的に認められる。

　　　預かり証は、通常、預かった額を記入するものであり、預かった額
　　より少ない額を記入することは想定されていない。また預けた額より
　　少額が記入された預かり証を、現金を預けた者が異議なく受け取るこ
　　とは通常考えられない。

　　　そうである以上、原告が本件300万円を訴外乙野に渡したと主張す
　　る平成29年9月30日に、訴外乙野が30万円の預かり証を作成し、
　　これを原告に交付したのは、まさに同日に訴外乙野が300万円ではな
　　く30万円を受け取ったからである。

## 2　訴外乙野の主張は終始一貫していること

　　　訴外乙野は、最初に原告から300万円を預けたと主張された時から、
　　一貫してそのような現金は預かっておらず、本件領収証も作成してい
　　ないと述べている。

　　　300万円の受領の有無、受領の根拠として原告が提出する本件領収
　　証の作成の有無は、本件の争点の核心部分であるところ、訴外乙野は、
　　核心部分で供述が一貫している。

## 3　訴外乙野には、本件300万円を横領する動機がないこと

　　　訴外乙野は、平成29年9月30日当時、借入等もなく、また経済的
　　に困窮していた事実もなく、むしろ、夫婦共働きで十分な収入があっ
　　たのであり、犯罪行為である横領を行う動機もない。

## 4　小括

　　　以上より、訴外乙野の供述は客観的証拠と整合し、またその供述に
　　不自然な点もなく、核心部分で一貫していることから信用できる。

## 第5　結論

　　　以上のとおりであるから、原告の不法行為の主張は失当であり、原
　　告の請求は棄却されるべきである。

# 7　A弁護士の作成した最終準備書面案の問題点

## 1. 本件領収証（甲1）に関する準備書面案の問題点

　本件領収証は、訴外乙野が300万円もの現金を受領したことの直接証拠であり、まずはこれを崩す必要があります。

　本件領収証の真正性を否定するために最も重要なものは、印影に関して行われた裁判所鑑定ですから、これを理由の一番目に持ってきている点は妥当です。ただ、鑑定結果を引用するだけでは不十分であり、実施された鑑定手法は勿論、鑑定に供された各サンプルの抽出方法や利用方法など、当該結果が合理的な鑑定手続きによって得られたものであることをできるだけ詳しく触れるべきです。

　印影に次いで重要なものは、筆跡ですが、本件では、筆跡鑑定は行われていないので、鑑定結果を引用することはできません。この点、本件では一見して区別がつかない程度に、本件領収証に記載された「乙野春子」と、本件預かり証に訴外乙野が署名した「乙野春子」の文字は類似しています。このような場合、鑑定等の裏付けが無いにも関わらず、無理に類似していない旨強弁してもプラスになることは何も無いので、あまり深掘りせずに軽めの反論にとどめるのが良いと思います。

　本件で特徴的なこととして、本件領収証が提示された経緯、タイミングがあります。重要な事実はそうそう忘れるものではありませんから、それを突如思い出したりすること自体不自然ですし、遅れた時期に証拠を提出することに関し合理的理由がないことは、当該証拠の信用性に関する重要な事情となります。

　なお、A弁護士の書面では触れられていませんが、本件領収証そのものが、被告のオリジナルの書式なのか、市販された容易に手に入るものなの

か、についても触れるべきでしょう。前者であれば、（それでも不可能ではありませんが）第三者が偽造したことを否定する方向の材料となりますが、後者であれば、本件領収証が偽造されたものであることと矛盾しません。そういった観点から、「本件領収証は、誰でも容易に購入することができる市販のものを使用して作成されており、このような流通性の高い紙面に訴外乙野の筆跡に似た文字が記載されていたとしても、訴外乙野が作成したことを基礎づける事情とはなりえない。本件病院においては、平成 29 年 9 月 30 日時点では市販の領収証は一切使用されていなかったことからも、訴外乙野が本件領収証を作成したことの根拠にはならない。」といった主張をすべきでしょう。

## 2. 一般的に信用性が高いとされる証拠に関する準備書面案の問題点

　原告が作成した家計簿（甲 3）の平成 29 年 9 月 29 日欄に 300 万円を積立預金に預けたこと、同月 30 日欄に病院に 300 万円もっていたことが記載されています。この点、あくまで一般論ではありますが、定期的かつ機械的に記載をする書類は、体裁上事後的に内容を改変することが難しい場合が多く、概ね信用性が高いといえます。本件のように、家計簿というのは毎日定期的につけるものですし、その内容は支出金額や費目を機械的に記載していくわけですから、まさにこれに当てはまります。

　原告の作成した家計簿（甲 3）が、事後的に一部または全部を改変したものであるという明確な客観的証拠は被告側にはありません。しかし、以上のような事情から、家計簿（甲 3）の信用性については、必ずそれを減殺する主張をしておく必要があります。そういった観点から、「原告は、原告が作成した家計簿（甲 3）の平成 29 年 9 月 29 日欄に 300 万円を銀行に持って行ったこと、同月 30 日欄に病院に 300 万円持っていったことが記載されていることから、原告がそれぞれ 300 万円ずつ現金を持ち出した

と主張する。しかしながら、原告は、本人尋問で、積立預金していたことについて忘れていたと主張するが（原告・本人尋問）、仮に家計簿に記載されていたなら忘れないはずであり、当初9月29日の300万円の送金は家計簿に記載されていなかった（原告が預金と病院への持参を混同していた）とも考えられる。さらに、家計簿の記載内容について、毎日自分で記載しており、現金がいくらあるか確認していたと言いながら、一方で、平成29年9月下旬に家計簿通り700万円以上もの現金を持っていたのかとの質問に対して、「こんなに現金持っていたかな。」といった曖昧な回答をしている（原告・本人尋問）。原告主張のとおり、毎日家計簿をつけ、確認していたのであれば、その旨即答できるはずであり、にもかかわらずこのような曖昧な回答に至っていることは、当時残高欄にそのような金額が記載されていなかったことの現れである。」といった主張をすべきでしょう。

また、家計簿の原本が証拠として提出され、原本確認を行う際は、問題となっている期間に加え、その前後の筆跡や記載内容・連続性も注意深く観察する必要があり、不審な点を発見した場合には、裁判官にもその旨指摘して、一緒に確認してもらうようにしましょう。

なお、後述のとおり、原告の説明が不自然であることから、被告としては、求釈明で、300万円の原資について預金通帳の開示を求めることを検討すべきですが、仮に、開示された預金通帳の記載と家計簿の記載が整合していると、かえって家計簿の信用性を裏付ける結果となりかねません。そのため、求釈明を行う際には、家計簿の記載内容をどこまで把握できているかや、求釈明のタイミングにも留意が必要です。

## 3. 説明の変遷に関する準備書面案の問題点

本事案では、原告は、病院に預けたと主張する300万円の原資について、場面によって異なる説明をしています。具体的には、訴訟前の平成29年

10 月 26 日時点では、自宅にあった帯のついた 100 万円の束を 3 つ持参したと述べ、同年 10 月 31 日時点では、原告名義の通帳から引き出したと述べています。また、訴訟になると、自宅に多額の現金を有しておりそこから持参したと主張し、本人尋問では「通帳からおろしたお金である」「家にもお金はあったので区別できない」「覚えていない」と述べています（原告・本人尋問）。これらの原告の説明内容をもとに、A 弁護士の書面では、原告の供述には終始一貫性がなく変遷していると主張しています。

　しかし、供述が変遷していると主張するためには、前後の供述が矛盾しているかを分析する必要があります。本事案では、9 月 25 日に原告名義の預金口座から 350 万円が引き出されており、原告は、この引き出した現金が 300 万円の原資だと説明しています。350 万円は銀行窓口で引き出されたと考えられ、通常は帯付きで受け取るでしょうから、原告の当初の説明内容である「（9 月 30 日に）自宅にあった帯のついた 100 万円の束を 3 つ持参した」という説明と「9 月 26 日に引き出した現金が 300 万円の原資である」という説明は、矛盾していないといえます。

　このため、A 弁護士が準備書面で「終始一貫性がなく変遷している」と記載した点は、必ずしも正確とはいえません。もっとも、原告の説明が場面によって異なることは否定できませんし、当初から説明していてもおかしくない事柄、例えば、「当時は自宅に 700 万円以上の現金があったこと」、「9 月 29 日にも 300 万円を積立預金したこと」等について、被告から指摘されて初めて説明するという不自然な点があります。準備書面では、これらの点を強調して原告の供述の信用性を減殺したほうが良いでしょう。

## 4. 本件預かり証と本件領収証との関係に関する準備書面案の問題点

　本事案では、原告の手元に 30 万円の預かり証と、300 万円の領収証が存在します。これらは、一つの事実に関する直接証拠であり、本来両立す

るものではありません。この点原告は、「訴外乙野は、原告が高齢であり、判断能力が劣ると考えていたため、30万円の預かり証を発行して原告を騙そうとしたのである。その後、原告から300万円の件で質問を受けたため、その場を収めるために300万円の領収証を発行したものである。被告の正式な預かり証ではなく、市販されている領収証を使用したのは、真に被告として預かったことを示すのではなく、その場を収めるためであり、判断能力の劣った原告を騙せると考えたからである。」と主張し、両立する理由を展開しています（原告準備書面1）。

　しかし、かかる主張を踏まえてもなお、乙野氏の立場に立てば、いかに原告に詰め寄られようとも、一貫して300万円を預かった事実はないと突っぱねることができたはずであり、にもかかわらず自分の立場を決定的に不利にする300万円の領収証を発行することは、不自然不合理と言わざるを得ません。A弁護士の準備書面では、このあたりをもう少し突っ込んで、成立に争いのない本件預かり証を発行した乙野氏が、重ねて自らが300万円を領得したことを裏付けるような本件領収証をあえて発行することの不自然不合理さを最終準備書面の段階でも繰り返し主張しておくとなお良かったと思います。

　また、A弁護士の準備書面では、30万円の預かり証を原告が受け取った際に異議を述べなかったことについて触れられています。この点、異議反論を行わなかった場合でも、そうしなかったことについて様々な理由が考えられるにもかかわらず、異議反論を行わなかったことの合理的理由を反論、展開できていない場合は、逆に合理的理由がなかったものと推認されやすいといえます。原告は、30万円の預かり証を受け取った際に異議を述べなかった理由として、「30万円を本件病院の手元で管理し、残り270万円を訴外花子名義の預金口座に入金するものと理解したため、特に疑問を抱かなかった。」との理由を述べていますが（原告第一準備書面）、これが合理性を欠くものであることをもう少し丁寧に主張した方が良かっ

たと思います。例えば、原告が言うように 30 万円もの金額を手元で管理するとのやりとりが原告と被告との間で過去にあったのかどうか、その他、原告が「30 万円を本件病院の手元で管理」すると信じるに足りる合理的根拠も見当たらないことを指摘することが考えられます。

# 事例2（書面によらない贈与合意の有無）

　**事例2**では、書面によらない贈与合意の有無に関し、どのような視点、切り口にて依頼者にとって有利な事情を聴きだすかという点に焦点を当ててみます。

## 1　被告らとの打ち合わせ内容

　A弁護士に与えられた資料のうち、被告らとの打合せ内容は、以下のとおりです。

---

　鈴木次郎といいます。私の父（鈴木太郎）が約1年前に購入したマンションがあり、父が所有者として登記を行っていましたが、父が4か月前に亡くなったので、私と母が相続人として共有持分の移転登記をいたしました。ところが、そのマンションには、父の知り合いの女性が住み続けています。
　私たちから、その女性（石井花子（打ち合わせ時点で45歳））に対して、マンションから出ていくように話をしましたが、その女性からは、自分は父の内縁の妻であり、マンションは父から贈与を受けたものなので、出ていく必要はない等といわれ、むしろ登記の移転を要求されました。
　私たちとしては、父がマンションを贈与するとは思えなかったので、要求には応じなかったところ、今回、マンションの処分禁止の仮処分がなさ

---

れ、訴状まで送られてきました。

　父は、平成 31 年 3 月 19 日に、中央病院で診察を受けており、右に傾きやすい、食べ方が汚い、手で食べ物を持つといった症状を指摘されていますので、当時認知症であった可能性が極めて高いです。そのような健康状態の下で、マンションを贈与したとは到底思えません。相手方の訴状をみると、諸々の書類や貴重品の引き渡しも受けていたといった主張がされていますが、例えば、売買契約書の交付についても、当時、父は高齢で、契約に必要な書類等の保管を相手方に委ねていたとしても不自然ではないです。

　相手方の言っている内容には、全く納得できないので、むしろマンションからの明け渡しも含めて、対応をお願いしたいと思っています。

## 2　訴状

A 弁護士が受け取った訴状等の資料は以下のとおりです。

### 訴　状

令和元年 6 月 1 日

大阪地方裁判所　御中

原告訴訟代理人　弁護士　甲野一夫

当事者の表示（略）

共有持分移転登記手続請求事件
訴訟物の価額　金 1,200 万円
貼付印紙代　　金 5 万 6,000 円

# 請求の趣旨

1　被告らは、原告に対し、別紙物件目録記載の不動産について、平成
　30年9月7日贈与を原因とする共有持分移転登記手続をせよ。
2　訴訟費用は被告らの負担とする
との判決を求める。

# 請求の原因

## 第1　当事者
### （1）原告

　　原告は、故鈴木太郎（以下「太郎」という。）が平成31年4月5
日に死亡するまで、太郎と同棲していた内縁の妻であり、太郎と同
棲していた別紙物件目録記載の不動産（以下「本件不動産」という。）
及び太郎が自宅内に保管していた動産類について贈与を受けた者で
ある。

### （2）被告ら

　　被告らは、太郎の母及び子である。被告らは、平成31年4月5
日付けで太郎が死亡したことにより、太郎の相続人となった者であ
り、令和元年7月1日時点において、本件不動産の登記簿上、共有
持分権者とされている者である（甲第1号証）。

## 第2　原告が本件不動産の所有者であること
### 1　原告と太郎との関係性について
### （1）原告と太郎との出会いの経緯

　　原告は、平成20年1月ころ、太郎と知り合った。原告は、太郎
から、出会って当初より、「（太郎は）既に離婚して5年になる。」
等と言われ、同年11月には、プロポーズをされるに至った。
　　原告は、太郎からの求婚に応じ、平成20年12月から、太郎と同
居を開始し、事実上の夫婦としての生活を営んでいた。また、原告
は、太郎の経営する会社で、太郎の補助業務をしており、四六時中、

生活を共にしている関係であった。

### （2）原告と太郎の復縁

　　原告は、平成 29 年 12 月に、一度、太郎との同居生活を解消したものの、平成 30 年 8 月、太郎から原告に対し、もう一度復縁したい旨の申し入れがあり、同月 17 日、太郎と話し合いを行った結果、太郎と復縁し、再び事実上の夫婦として生活をともにすることにした。

### 2　贈与契約について

　　平成 30 年 8 月 17 日、原告が太郎と復縁の話し合いを行った際、太郎は原告に対し、二人の生活のために、新たな居住用不動産（すなわち、本件不動産）を購入するので、復縁するにあたり、これを原告に贈与することを約した。

　　原告は、同月 18 日、インターネットにて本件不動産を見つけ、本件不動産の仲介業者である山田不動産（以下「山田氏」という。）に問い合わせを行い、本件不動産の内覧を予約し、同月 21 日、山田氏の立ち会いのもと、本件不動産を内覧し、同日中に、山田氏へのメールにて、本件不動産を太郎名義で購入する旨連絡した。

　　その後、山田氏は、同月 25 日、売買契約に関する説明及び本人確認のために、太郎の自宅を訪れ、太郎の本人確認・意思確認、売買契約に関する説明を行った。

　　そして、太郎と本件不動産の売主とは、同年 9 月 7 日、太田司法書士及び山田氏の立ち会いのもとで、本件不動産の売買契約（以下「本件売買契約」という。）を締結し、売買代金は現金にて支払われた（甲第 2 号証）。

　　したがって、遅くとも、平成 30 年 9 月 7 日の時点で、本件不動産を目的物として、太郎を贈与者、原告を受贈者とする贈与契約が締結された。

### 第 3　贈与の履行が完了したこと

　　本件贈与は書面によらない贈与であるが、最高裁昭和 39 年 5 月 26 日判決によれば、不動産の贈与がなされ、かつ、その権利の表象とも

いうべき契約書がその実印とともに交付された場合、簡易の引渡による占有移転が行われたものとみるべきであるから、贈与の履行はこれにより完了し、したがって、贈与契約はもはや取り消すことができないとされている（甲第3号証）。

　この点、本件においては、原告は、本件売買契約の時より、売買契約書を交付されていた（甲第2号証。ちなみに、太郎の署名・捺印も原告が行っていた）のであり、本件贈与の履行は完了していたものである。

## 第4　太郎が死亡し、被告らが太郎を相続したこと

　太郎は、平成31年4月5日死亡し、被告らが太郎を相続した。

## 第5　被告らが本件不動産の登記簿上の共有持分権者であること

　被告らは、平成31年4月25日付で、相続を原因として本件不動産の共有持分移転登記を行っており（甲第1号証）、原告への所有権移転登記手続はなされていない。

## 第6　処分禁止の仮処分決定

　原告は、令和元年7月1日、本件不動産の処分禁止仮処分の申立てを行い、同月15日に仮処分決定を受けている（甲第5号証）。

## 第7　まとめ

　よって、原告は、被告らに対し、平成30年9月7日付けでの太郎を贈与者、原告を受贈者とする本件不動産の贈与契約に基づき、移転登記手続を求める。

### 証拠方法

| | | |
|---|---|---|
| 1 | 甲第1号証 | 全部事項証明書 |
| 2 | 甲第2号証 | 建物売買契約書 |
| 3 | 甲第3号証 | 最高裁昭和39年5月26日裁判例 |

| 4 | 甲第 4 号証 | 戸籍謄本 |
| 5 | 甲第 5 号証 | 仮処分決定 |

## 添付書類

| 1 | 甲号証写し | 1 通 |
| 2 | 住民票 | 1 通 |
| 3 | 全部事項証明書 | 1 通 |
| 4 | 固定資産評価証明書 | 2 通 |
| 5 | 委任状 | 1 通 |

甲第 2 号証　建物売買契約書

---

### 区分所有建物売買契約書
### （マンション等）

平成 30 年 9 月 7 日

＝＝＝＝＝＝＝＝＝＝＝＝＝＝＝＝＝＝＝＝＝＝＝＝＝＝＝＝

売主　Ａ田Ｂ助と買主　鈴木太郎とは、売主の所有する区分所有建物について、次のとおり売買契約を締結する。

#### 1　標記
売買代金、手付金・内金の額と支払日

　　売買代金：総額　金　21,000,000 円

　　支払日：平成 30 年 9 月 7 日限り

売買取引の日及び場所

　　所有権移転の日・登記手続きの日・引渡しの日：平成 30 年 9 月 7 日

　　取引の場所：買主指定の場所

#### 2　契約条項
　　第 1 条・・・・・

　　第 2 条・・・・・

---

（省略）

＝＝＝＝＝＝＝＝＝＝＝＝＝＝＝＝＝＝＝＝＝＝＝＝＝＝＝＝＝＝＝

本契約を証するため、本書二通を作成し、売主及び買主の双方が署名捺印の上、各々その一通を保有する。

平成 30 年 9 月 7 日

（売主）　住所　○○○○

氏名　Ａ田Ｂ助

（買主）　住所　○○○○

氏名　鈴木太郎

（媒介業者）　免許番号　△△△△

名　　称　山田不動産

代表者氏名　山田○○

甲第 3 号証　最高裁昭和 39 年 5 月 26 日判決

家屋の贈与につき履行が終わったものとされた判例

【判決要旨】

病気のため入院中の内縁の夫が、同棲に使用していた所有家屋を妻に贈与するに際して、自己の実印について、当該家屋購入時の売買契約書とともに妻に交付した事実関係等、判示事実関係のもとにおいては、簡易の引渡による当該家屋の占有移転があったものとみるべきであるから、これにより贈与の履行が終わったものと解すべきである。

## 答弁書

❷の訴状に対して、Ａ弁護士が作成した答弁書は、以下のとおりです。

令和元年（ワ）第〇号　共有持分移転登記手続請求事件
原告　　石井花子
被告　　鈴木シヅ子、鈴木次郎

# 答　弁　書

令和元年9月2日

大阪地方裁判所第〇民事部　御中

（送達場所）〒〇〇〇〇
住所・TEL・FAX（略）
被告ら訴訟代理人弁護士　　乙野花子

## 第1　請求の趣旨に対する答弁

1　原告の請求を棄却する
2　訴訟費用は原告の負担とする
との判決を求める。

## 第2　請求の原因に対する認否、被告らの反論

### 1　「第1　当事者」について

（1）「（1）」について

太郎が平成31年4月5日付で死亡したことは認めるが、その余は
否認する。

（2）「（2）」について

認める。

### 2　「第2　原告が本件不動産の所有者であること」について

（1）「1　原告と太郎との関係性について」に関して

①　「（1）原告と太郎との出会いの経緯」について

原告と太郎が事実上の夫婦としての生活を営んでいたことについ
ては否認し、その余は不知。太郎は、過去にも知り合った女性を会

社に呼び寄せることもあり、原告もそうしたうちの一人にすぎず、あくまで秘書的な立場の人間にすぎない。

②　「（2）原告と太郎の復縁」について

原告と太郎が再び事実上の夫婦としての生活を営んでいたことについては否認し、その余は不知。

（2）「2　贈与契約について」に関して

太郎が本件不動産の売買契約を締結したことは認め、太郎が原告に対して、本件不動産を贈与したことは争い、その余は不知。

## 3　「第3　贈与の履行が完了したこと」について

最高裁判決の存在は認めるが、同判決は、所有者である内縁の夫が所有する不動産に関する売買契約書等を引き渡したことを前提としたもので、本件のように、本件売買契約が締結される以前の、いまだ太郎が所有者となっていない段階での売買契約書等の引き渡しにまでその考え方が及ぶものではない。そのため、仮に、本件で太郎氏から売買契約書等の引き渡しがなされていたとしても、贈与の履行が終わったなどと評価することはできない。

## 4　「第4」ないし「第6」について

認める。

## 5　「第7」について

争う。

## 第3　被告らの主張

原告は、本件不動産の購入前後において、太郎と同居していた実態などはないし、内縁関係にあったものでもない。

本件不動産の売買契約時に、贈与の話があったのであれば、当初より原告名義にしなかったことは極めて不合理であり、その意味でも、太郎は、原告に対して、本件不動産を贈与する意思を有していなかったものといえる。

　加えて、太郎は、平成31年３月19日、中央病院で診察を受けており、右に傾きやすい、食べ方が汚い、手で食べ物を持つといった症状を指摘されており、太郎が当時認知症であった可能性が極めて高く、かかる判断能力の下、太郎が本件不動産を原告に贈与することの趣旨・結果を理解することができたとは到底考え難い。

　また、仮に太郎において上記理解ができていたとしても、当時、太郎は高齢であり、売買契約書の交付について、契約に必要な書類等の保管を原告に委ねていたとしても何ら不自然ではなく、原告が売買契約書の所在を把握しているからといって、太郎からの引き渡しを受けたものとは評価できない。

　以上より、原告は、本件不動産の所有権を贈与により取得したものとはいえないことから、原告の請求は直ちに棄却されるべきである。

以　上

# 4　原告第1準備書面

　❸の答弁書に対して、相手方からの原告第1準備書面が届きました。A弁護士としては、かかる原告第1準備書面に対して、反論する内容の準備書面を作成する必要があります。

令和元年（ワ）第○号　共有持分移転登記手続請求事件

原告　　石井花子

被告　　鈴木シヅ子、鈴木次郎

## 原告第1準備書面

令和元年10月5日

大阪地方裁判所第○民事部　御中

原告訴訟代理人弁護士　　甲野一夫

## 第1　総論

　　被告らは、太郎が原告に対し本件不動産を贈与する意思を有していなかったこと、贈与の意思があったとしても贈与の履行はなかったなどと主張している。しかしながら、太郎が、原告に対して、本件不動産を贈与したこと、及び、贈与の履行が完了していたことは明らかである。

　　以下、詳述する。

## 第2　太郎が、原告に対して、本件不動産を贈与したこと

### 1　太郎には本件不動産を贈与する動機があったこと

### （1）原告と太郎は内縁関係にあり同居していたこと

　　　ア　原告と太郎の出会いの経緯

　　　　原告は、太郎より、平成20年1月に出会って、当初より「結婚をしてほしい」等と結婚を求められるようになった。それ以降、原告と太郎は、平成29年12月まで、事実上の夫婦としての生活を営んでいた。

　　　　具体的には、平成20年12月から、原告と太郎は、太郎が経営する会社が入っているビルの上層階の一室を主な居住地として、同居生活を送っていた。また、原告の主な仕事も太郎が経営する飲食店での補助業務で、仕事でもプライベートでも太郎と一緒にいることが多かった。このように、私生活上でも、仕事上でも、原告と太郎は、密接な関係を有していた。

　　　　被告らは、太郎が過去にも知り合った女性を会社に呼び寄せ

ることもあり、原告もそうしたうちの一人にすぎず、あくまで秘書的な立場の人間にすぎないと主張する。しかしながら、太郎が、当時、遠方にいた原告をわざわざ大阪に呼び寄せ、原告の居住地まで提供していることは被告らも争っていない。このような太郎の行動は、単に秘書的な立場にすぎない者に対する行動とはいえず、原告と太郎が、当時、内縁関係にあったからこそなされたものにほかならない。

　イ　原告と太郎との復縁

　　平成30年8月16日、太郎から原告に対し、「花子、助けてくれ。やり直してくれ。」との内容の電話があり、同月17日、太郎と話し合いを行った結果、太郎と復縁し、再び事実上の夫婦として生活をともにすることにした。

　ウ　小括

　　以上のように、原告と太郎は内縁関係（事実上の夫婦の関係）にあったのであり、内縁関係という親密な関係にある者に対して、不動産を贈与することは世情よく見られることである。

**（2）原告が太郎に大きく貢献していたこと**

　太郎は、字を書くことも、食事の準備もすることができず、原告がいなければ、日常生活を過ごすことができなかった。このため、原告は、太郎と事実上の夫婦の関係にあった間、太郎の身の回りの世話をし、太郎にとってなくてはならない存在であった。実際、原告は、太郎が、平成31年4月5日に、心臓の病気により倒れているところまで発見している。

　このように原告が太郎に大きく貢献していたことからすれば、太郎としては、二人で生活したいと思い、あるいは原告に御礼をしたいと思うのが通常である。したがって、太郎には、本件不動産を贈与する動機があった。

**（3）太郎が本件不動産を購入した理由**

　原告と太郎は、平成30年8月17日に復縁の話し合いを行った結果、原告と太郎が再び事実上の夫婦として生活をともにするため（二人の生活のため）、また本件不動産を原告に贈与し仲直りするため

に、本件不動産を新たに購入した。

　実際、原告と太郎が購入した本件不動産は、いわゆるファミリータイプのマンションであり、またその広さも 60㎡ と二人で生活するのに適した物件である。

　さらに、太郎が、本件不動産を購入したのは平成 30 年 9 月 7 日であって、原告と太郎が復縁するために話し合った同年 8 月 17 日の約 1 か月後であって、時期的にも整合する。

　このように太郎が本件不動産を購入したのは、二人の生活と本件不動産を原告に贈与し仲直りするためであって、原告は本件不動産を贈与されていたものである。

## （4）太郎は当時既に複数の不動産を所有していたこと

　太郎は、本件不動産を購入する前から、大阪市内に複数の不動産を所有し、生活しており、新たに不動産を購入する理由は、二人の生活と本件不動産を原告に贈与し仲直りする理由以外になかった。

## （5）小括

　したがって、太郎には、本件不動産を贈与する動機があったことは明らかである。

## 2　原告が本件不動産の所有者としての行動をしていること
## （1）原告は本件売買契約の準備に終始関与していること

　原告は、平成 30 年 8 月 18 日、インターネットで本件不動産を見つけ、本件不動産の仲介業者である山田氏に問い合わせを行い、本件不動産の内覧を予約した。

　同月 21 日、山田氏の立会いの下、本件不動産を内覧し、同日中に、原告が、山田氏に対して、メールで本件不動産を太郎名義で購入する旨連絡している。

　その後、原告は太郎とともに、同月 25 日、太郎の自宅で、山田氏から契約に関する説明（重要事項説明含む）を受け、太郎の本人確認・意思確認に立ち会った。

　通常、自己の利益と何ら関係のない不動産の売買契約手続について主体的に行うことは考えられない。

　　　したがって、このように原告が本件売買契約の準備に終始関与しているのは、この当時、既に太郎が、原告に対し、本件不動産を贈与していたからにほかならない。

**（2）本件不動産の購入後、原告と太郎は本件不動産に居住していること**

　　　太郎の二人の生活のために本件不動産を原告に贈与するという当初の提案に沿う形で、本件不動産の購入後、実際に、原告は太郎とともに、本件不動産の所有者として本件不動産に居住している。

**（3）原告は、太郎の死亡時点で、所有権移転登記手続のために必要な書類を取得していたこと**

　　　原告は、平成31年4月5日時点で、所有権移転登記手続のために必要な司法書士への委任状、印鑑登録証明書、本件不動産の評価証明書及び原告の住民票を取得していた。

　　　このように原告が迅速に所有権移転登記手続のために必要な本件不動産及び本件売買契約に関する資料を収集することができたのは、原告が本件不動産の所有者として行動をし、太郎の協力があったからにほかならない。また、原告が、平成31年4月5日頃までに、上記必要書類等の取得ができていなかったのは、太郎が体調を崩したため、太郎の介護等に時間がとられてしまっていたためであって、太郎も原告も名義変更のための準備を決して怠っていたわけではない。

**（4）小括**

　　　以上のように、原告は本件不動産の所有者としての行動をしており、これらは太郎から本件不動産の贈与を受けていたからこそなされたものである。


**3　本件不動産の名義が原告でないことをもって、太郎が、原告に対して、本件不動産を贈与した事実は否定されないこと**

　　　太郎が本件不動産について、原告に贈与したにもかかわらず、本件不動産の名義を太郎名義とした理由は以下のとおりである。すなわち、原告は、太郎と別居していた平成30年6月に、自らのバーを経営するために不動産を購入していたところ、太郎は、自ら不動産業も含め

て様々な会社を経営していた際の税務面での経験から、原告が平成
30年中に二つの不動産を購入するとなると、税務署からの調査を受
ける可能性があると判断し、一旦は太郎名義にして本件不動産を購入
し、その後、原告に名義を移転することとした。

　したがって、本件不動産の名義が原告でないことをもって、本件不
動産を贈与した事実は否定されない。また、あえて原告らがこのよう
な不自然な行動をしたのは、当時、太郎が上記理由から本件不動産の
名義を太郎名義にすることを真に提案したからにほかならない。

**4　小括**

　以上のように、太郎が、原告に対して、本件不動産を贈与したこと
は明らかである。

**第3　結論**

　以上のとおりであるから、原告は、被告らに対して、平成30年9月
7日付の本件不動産の贈与契約に基づく共有持分移転登記手続を請求す
べき権利があるものである。

　裁判所におかれては、かかる原告の請求を速やかに認容されたい。

以　上

以上の原告第1準備書面を受領して、A弁護士は、被告らの代理人とし
て、原告第1準備書面に対する反論の準備書面を起案するために、どのよ
うな事実関係の調査やヒアリングを行うべきか検討しました。その検討結
果は以下のとおりです。

## 1.「1　太郎氏には本件不動産を贈与する動機があったこと」に関する調査事項

①

原告と太郎氏の関係を知る者（太郎氏の社内の人間、被告等）に対し、原告と太郎氏のこれまでの経緯、特に原告と太郎氏が一度縁を切った経緯についてヒアリングを行う。

原告と太郎氏は一度縁を切った後、太郎氏が死亡する直前になって復縁しているため、真に内縁関係にあったか否かを調査するために上記ヒアリングを行う必要がある。

②

原告と太郎氏の関係を知る者（太郎氏の社内の人間、被告等）に対し、原告と太郎氏の会話の内容、両者の生活の形態（同居の有無、介護の有無）等についてヒアリングを行う。
被告らが保有している太郎氏の遺品（手帳等）を調査する。

原告と太郎氏が内縁関係にあったか否かを調査するために上記ヒアリング、調査を行う必要がある。

③

太郎氏の社内の人間及び被告らに対し、これまでにも太郎氏に原告のような関係の女性がいなかったか、太郎氏の女性遍歴等についてヒアリングを行う。

原告と太郎氏が内縁関係にあったか否かを調査するために上記ヒアリングを行う必要がある。

④

被告ら及び不動産仲介業者に対し、太郎氏が本件不動産を購入する理由を具体的に述べていなかったかヒアリングを行う。

原告の第 1 準備書面には、本件不動産を購入した理由について、原告と太郎氏が仲直りし、「再び事実上の夫婦として生活をともにするため（二人の生活のため）」と記載されているが、上記理由の真偽を確認するために上記ヒアリングを行う必要がある。

## 2.「2　原告が本件不動産の所有者としての行動をしていること」に関する調査事項

被告らに対し、平成 31 年 4 月 5 日時点の所有権移転登記手続のために必要な書類（契約書、印鑑登録証明書）の管理状況についてヒアリングを行う。

太郎氏の協力を得て交付されたものか（原告が勝手に持ち出していないか）を確認するために、上記ヒアリングを行う必要がある。

## 3.「3　本件不動産の名義が原告でないことをもって、太郎氏が、原告に対して、本件不動産を贈与した事実は否定されないこと」に関する調査事項

税理士に対し、同一年度に二つの不動産を購入した場合、税務署から調査を受ける可能性があるのか、ヒアリングを行う。

税務調査を理由とする原告の弁明が合理的なものかを確認するために、上記ヒアリングを行う必要がある。

## 5　A弁護士のヒアリング対応の問題点

### 1. 総論

　以下では、A弁護士が被告らの準備書面を作成するにあたって、事前に検討を行った事実関係の確認事項・ヒアリング事項についての問題点を指摘していきます。総論として、A弁護士のヒアリングの問題点として、確認している項目自体は正しいものであるとしても確認の仕方が甘く、その結果、相手方の立場からすると、容易に反論が可能な主張内容にとどまってしまっているものが多数見受けられます。

　また、確認すべき項目の漏れも多数あります。本件では、贈与契約に関する口頭での合意が認められるか否かが問題となり、口頭合意を否定する間接事実をどれだけ多く積み上げることができるかが勝訴のための重要なポイントとなりますので、確認すべきポイントを見落とさずに依頼者、その他関係者等から引き出すことができるか否かが極めて決定的な要素となります。

　A弁護士のヒアリングの問題点について、以下で個別的に確認していきます。

### 2. 間接事実の積み上げについて

　では、具体的に、本件で、被告らの訴訟代理人弁護士としては、どのような事実関係を聞き出し、反論の準備書面に盛り込むべきでしょうか。

　原告第1準備書面において主張されている内容は、①太郎氏には本件不動産を贈与する動機があったこと、②本件不動産の購入前、購入時点において、原告が本件不動産の所有者としての行動をしていること、③太郎氏

には本件不動産を贈与する経済的余裕が十分にあったこと、④本件不動産の名義が原告名義ではないという事実関係が、贈与契約の成立を否定するものではないという点に関する主張を加えている内容の構成となっています。

これに対して、A弁護士が確認をしようとしている事項は、それぞれ原告第1準備書面で原告側が主張している間接事実に対して反論するための事実関係の確認にとどまってしまっています。

しかし、上記のとおり、本件では、口頭合意を否定する間接事実をどれだけ多く積み上げることができるかが勝訴のための重要なポイントとなるので、単に原告側の主張を打ち消すのみならず、口頭での贈与契約が存在しないと推認させる事実関係を調査するためのヒアリングも必要になります。

例えば、太郎氏の行きつけの医療機関（中央病院）に照会し、太郎氏の診断書、診療記録等を入手し、贈与当時の太郎氏の認知状況、健康状態を確認することが考えられます。これにより、贈与が太郎氏の真意に基づくものであるかを確認することができ、また、太郎氏の健康状態次第では、意思能力が欠けていたとの反論の余地もあるため、早期段階で証拠の収集を行う必要が高いといえます。太郎氏の相続人である被告ら代理人からの照会であれば、医療機関からの回答を受けることについても、特段問題はないと考えられます。

なお、本件では、贈与の対象物が2,100万円もの価格の不動産であることから、一般的な感覚でいえば、相当程度に高額の贈与対象物であるといえます。そのような高額の贈与をするということは、かなり強い贈与の動機がなければ不自然である、との被告らの反論を組み立てることが考えられますが、本件では、本件売買契約時に現金一括にて2,100万円の売買代金を太郎氏が支払っていることからすれば、太郎氏にはある程度、経済的余裕があったといえ、被告らの上記反論は特に有効なものとはなりえません。

## 3. 原告の主張する事実関係に対する反証について

　A弁護士が検討している内容は、いずれも、原告第1準備書面で原告側が主張している各間接事実に対応して、不自然な点がないかどうかをチェックするものになっています。それぞれ、A弁護士の検討した項目について、見ていきます。

### ■「1　太郎氏には本件不動産を贈与する動機があったこと」に関する調査事項について

　ここでは、いずれの事項も、贈与行為の背景事情として、原告と太郎氏の密接な内縁関係があった、との原告主張を否定することができないかという観点で、ヒアリングすべき事項をピックアップしているものと思われます。本件で、原告は、「太郎氏には本件不動産を贈与する動機があったこと」として、贈与契約を推認させる事実関係を主張していますが、その中身は、詳細さ、具体性、迫真性に欠ける節があります。例えば、①贈与の前に原告と太郎氏が一度破局していることや、復縁から贈与行為までの時系列の不自然さ（平成30年8月17日に復縁の話がなされ、その翌日には原告が不動産を見つけ仲介業者に問い合わせを行い、21日には内覧、即決していること等）、②原告は平成30年6月に自らのバーを経営するために不動産を購入しているが、復縁の条件としてさらに不動産を欲することの不自然さ、③仮に太郎氏と一緒に生活するための不動産としても、太郎氏は、本件不動産を購入する前から、大阪市内に複数の不動産を所有し、生活していたということであり、それでも新たに生活用の不動産を購入するための何らかの理由があったのか否か等が挙げられます。

　上記②③を展開するための前提として、原告が自分で購入した不動産の価格、支払方法、所在地、面積、間取り、居住スペースの有無・面積、本件不動産に居住して以降の当該不動産の利用状況、当該不動産と本件不動

産の位置関係等を原告に対して求釈明することも考えられます。かかる求
釈明に対する原告の回答内容次第では、本件不動産を原告に贈与する必要
性がない、贈与の対象物として本件不動産が不適格である等、より説得的に
反論できることから、訴訟の早期段階で確認を行う必要があるといえます。

　また、太郎氏は、自ら不動産業も含めて様々な会社を経営していたので
あれば、懇意にしている司法書士の存在も十分に考えられるところ、今回、
これまでまったく面識のない司法書士に登記を依頼していることや、太郎
氏が当時、認知症によって判断能力が衰えていたこと（診療記録等からの
裏付けが前提です）等も相まって、現実には太郎氏からの贈与行為はなかっ
たにもかかわらず、死期が迫っていた太郎氏に本件不動産を購入させ、太
郎氏の死亡後に贈与を受けたと当初から主張するつもりだったのではない
か、と推認させるような反論を行うことも考えられます。

　一方で、④で不動産仲介業者への聞き取りをすることを検討してもらっ
ていますが、かかる調査については、やや被告らの代理人としては、リス
クが高い可能性があります。

　被告らの代理人であるA弁護士としては、不動産仲介業者が原告側の証
人にはなっていないことから、不動産仲介業者に対して、事実関係の聞き
取りをすることを検討してもらっていますが、いくらA弁護士が太郎氏の
相続人である被告らの代理人弁護士であるとはいえ、原告も関与していた
本件不動産売買に関するやり取りについて、不動産仲介業者が被告らに協
力的な対応をするかどうかは、微妙な事案であると思われます。むしろ、
不動産仲介業者が原告側と協力関係にある場合に、A弁護士が不動産仲介
業者に対して、本件に関する事実関係の確認を行うことで、こちらの手の
内が原告側に知られてしまうおそれもあります。そのようなリスクも踏ま
えて、不動産仲介業者に接触を図るかどうかを検討する必要があると思わ
れます。

**2** 「2　原告が本件不動産の所有者としての行動をしていること」に関する調査事項

この点については、確認することが不適当であるというものではなく、確認を行って被告ら側に有利な事情が出てくる可能性もありますが、契約書等の保管状況については、原告や太郎氏側が把握している事情になると思われるので、被告らからのヒアリングを通じて、被告らに有利な事情が出てくる可能性は乏しいのではないかと予測されます。

**3** 「3　本件不動産の名義が原告でないことをもって、太郎氏が、原告に対して、本件不動産を贈与した事実は否定されないこと」に関する調査事項

本件では、原告側のウィークポイントとして、本件不動産の購入当初段階から太郎氏が贈与意思を有していたという原告の主張どおりであれば、そもそも、本件不動産の名義を原告名義とするのが極めて自然であるところ、「一旦は太郎氏名義にして本件不動産を購入し、その後、原告に名義を移転することとした。」といった迂遠な方法をとっています。真実、太郎氏が本件不動産を原告に贈与する意思があったのであれば、本件不動産が現金一括にて支払われている以上、あらかじめ購入代金相当額となる現金を原告に贈与し、かかる現金にて原告が本件不動産を購入すれば済むことで、そうすることで二重に登記手続きを行う手間も費用も省かれるからです。

関係者に対してヒアリングを行うに当たり、具体的には、太郎氏ないし同人経営法人の顧問税理士がいる場合には、当該税理士に対して、太郎氏の税務知識の程度や、それから推認して原告主張のような考えを抱く可能性がありえるのか等を確認することが考えられます。

現時点で想定できる太郎氏の意図としては、仮に、原告がこれまで自己の所得を過少申告していたことを太郎氏が知っていたような場合に、同一

年度に複数の不動産の購入という原告の所得に見合わない行為を行うことで税務署から目を付けられることの懸念が考えられます。その場合、「一旦は太郎氏名義にして本件不動産を購入し、その後、原告に名義を移転することとした。」との主張は、数年後に太郎氏・原告間での売買を偽装することを意味するとも考えられます。現時点でこのような推測を主張することは効果的ではありませんが、原告に対する反対尋問にて、かかる視点から質問を構成することも考えられます。

　最後に、原告からは、本件不動産のみならず、本件不動産内の動産類についても贈与を受けたとの主張がなされていますが、後者に関する贈与の意思表示の時期、内容等につき何ら明らかにされていません。通常、本件不動産居住後に贈与対象となる動産類が特定されることから、仮に贈与があったとすれば本件不動産居住時以降となりますが、動産類に関する贈与の意思表示に関する主張が原告第1準備書面に至っても何ら主張されていないこと自体が不自然といえ、かかる不自然性を本件不動産の贈与自体にも波及するよう印象付ける方法も考えられます。

　なお、実際に原告が申告期限内までに贈与税の申告をしているかどうかも気になる点ですので、それについても原告に対して求釈明を行うことが考えられます。

　以上のような事項の調査を行うことで、原告第1準備書面に対する反論の準備書面について、より具体的かつ説得力ある内容に仕上げることができるはずです。

# 事例 3 （割増賃金請求事案）

　**事例 3** では、割増賃金請求事案に関し、次のステップを経た上で、A弁護士のヒアリング方法、準備書面の内容について分析を行います。

- 既に作成されている訴状、答弁書、原告第 1 準備書面をもとに、A弁護士が依頼者に対して単独でヒアリングを実施
- ヒアリングにより得た情報とともに、A弁護士が被告第 1 準備書面を作成
- 被告第 1 準備書面案に対して、先輩弁護士によるコメント、指摘

ヒアリングに際してA弁護士に与えられた資料としては、

①　訴状
②　答弁書
③　依頼者（被告）との打合せ内容
④　原告第 1 準備書面
⑤　各書証

であり、これらの資料をもとに、実際に先輩弁護士が依頼者となってA弁護士と打合せを行った上で、A弁護士が原告第 1 準備書面に対する反論の準備書面を作成しました。

# 1　訴状

A弁護士に与えられた資料のうち、「訴状」の内容は以下のとおりです。

---

## 訴　状

平成30年3月1日

大阪地方裁判所　御中

原告訴訟代理人弁護士　乙野太郎

当事者の表示　（略）

未払い残業代請求事件
訴訟物の価額　金300万円
貼付印紙代　　金2万円

### 請求の趣旨

1　被告は、原告に対し、金300万円及びこれに対する平成29年12月
　26日から支払済みまで年14.6％の割合による金員を支払え
2　訴訟費用は被告の負担とする
との判決並びに仮執行宣言を求める。

### 請求の原因

**第1　当事者**
　1　原告
　　原告は、平成27年4月1日から調理師として被告に採用され、主

に甲野レストランを就業場所として労働に従事していた。

2　被告

被告は、レストランの経営等を目的とする株式会社である。

## 第 2　割増賃金請求権について

### 1　労働契約の成立と入社後の勤務歴、地位

（1）入社日：平成 27 年 4 月 1 日

（2）退職日：平成 29 年 12 月 25 日

（3）業務内容：調理師

### 2　原告の賃金

（1）月例基本賃金 25 万円

　　ア　基本給　　15 万円

　　イ　調理手当　2 万円

　　ウ　役職手当　6 万円

　　エ　皆勤手当　2 万円

（2）賃金の締め日及び支払日

　　ア　締め日：毎月 25 日

　　イ　支払日：同月末日

（3）所定労働時間

　　ア　勤務時間：8 時間（6 時 30 分～ 15 時 30 分、休憩 60 分）

　　イ　休日：土日祝

### 3　原告の労働時間

原告の労働実態は、次のとおりであった。

　　ア　勤務時間

（ア）平均勤務時間：12 時間（6 時 00 分～ 18 時 00 分、休憩なし）

（イ）繁忙期には勤務時間 15 時間（6 時 00 分～ 21 時 00 分、休憩なし）

（ウ）平成 29 年 9 月 10 日（原告が労働組合加入）以降の勤務時間は、8 時間（6 時 30 分～ 15 時 30 分、休憩 60 分）

イ　休日

（ア）土曜日は全て出勤

（イ）日曜日は休日

（ウ）祝日は3分の1程度出勤

（エ）平成29年9月10日（原告が労働組合加入）以降は土日祝と
　　もに休日

## 4　原告の割増賃金請求権

（1）被告は、原告に対し、残業手当3万円（月額）を支給していたが、
　　労働基準法上、割増残業代を支払う義務があるにもかかわらず、
　　十分な支払いをしていない。

（2）本請求にかかる平成28年1月分から平成29年9月分までの未払
　　残業代等は、別紙1（省略）のとおり、金300万円である。

## 第3　結語

　よって、原告は、被告に対し、労働契約に基づき、平成28年1月4
日から平成29年9月9日までの未払い残業代300万円及びこれに対す
る平成29年12月26日から支払済みまで年14.6％の割合による遅延損
害金の支払いを求める。

# 証拠方法

甲第１号証　タイムカード

| NO. 1 | 6：30 ～ 15：30 |
|---|---|

タイムカード
TIME CARD
29 年 4 月分

| 日付 | 定時 出 | 時間内 退 | 時間内 出 | 定時 退 | 時間外 | 小計 |
|---|---|---|---|---|---|---|
| 26 | | | | | | |
| 27 | 6：00 | | | 18：00 | | |
| 28 | 6：30 | | | 17：30 | | |
| 29 | 6：00 | | | 18：00 | | |
| 30 | 6：00 | | | 18：00 | | |
| 31 | 6：00 | | | 17：30 | | |
| 1 | | | | | | |
| 2 | | | | | | |
| 3 | 6：00 | | | 18：00 | | |
| 4 | 6：00 | | | 18：30 | | |
| 5 | 6：00 | | | 17：30 | | |
| 6 | 6：30 | | | 17：30 | | |
| 7 | 6：00 | | | 18：00 | | |
| 8 | | | | | | |
| 9 | | | | | | |
| 10 | 6：00 | | | 18：00 | | |

| NO. | 氏名 | 乙村一郎 |
|---|---|---|

| 日付 | 定時 出 | 時間内 退 | 時間内 出 | 定時 退 | 時間外 | 小計 |
|---|---|---|---|---|---|---|
| 11 | 6：00 | | | 18：00 | | |
| 12 | 6：30 | | | 18：30 | | |
| 13 | 6：30 | | | 18：30 | | |
| 14 | 6：30 | | | 18：30 | | |
| 15 | | | | | | |
| 16 | | | | | | |
| 17 | 6：30 | | | 18：30 | | |
| 18 | 6：00 | | | 18：30 | | |
| 19 | 6：00 | | | 18：30 | | |
| 20 | 6：00 | | | 17：30 | | |
| 21 | 6：00 | | | 18：00 | | |
| 22 | 6：00 | | | 17：30 | | |
| 23 | | | | | | |
| 24 | 6：00 | | | 18：00 | | |
| 25 | | | | | | |

甲第２号証　陳述書（原告）

## 陳　述　書

平成 30 年○月○日

氏名　乙村一郎　印

1　私は、平成 27 年 4 月 1 日から調理師として株式会社甲野食堂（以下「被告会社」といいます。）に採用され、同日から、被告会社が経営する甲野レストラン（以下「本件レストラン」といいます。）で主に勤務していました。入社当初は、本件レストランには別の

方がチーフとして務めておられたので、私はセカンドチーフでしたが、その年の夏頃にそのチーフが別のレストランへ異動になったので、平成27年10月1日以降、私が、本件レストランのチーフになりました。その後、平成29年12月25日をもって被告会社を退職しております。

2　勤怠管理表は、現場の責任者が記入することになっていますので、私がチーフになってからは私が記入するようになりました。勤怠管理表の記入の仕方については、営業担当者から、社員は残業ゼロ、パートは実際の労働時間を記入するように説明を受けました。しかし、私は、最初の頃、社員についても実際の残業時間数を記入しました。すると、経理の担当から「なぜ社員の残業時間数を書いたのか？」と責められたので、「実際に働いていることがわかって欲しくて書いた。」と回答しました。私は、それ以降、解雇されては困るので、社員の残業時間数をゼロにするようにしました。

3　平成29年9月10日に私が労働組合に加入したため、翌日から、被告会社の役員が現場に来て、私の勤務状況を監視するようになりました。被告会社の役員は、終業時間になると仕事の状況を無視して退勤するように指示するため、私は、実際には残業していても、タイムカードに実際の労働時間を記入できなくなりました。

　この頃から、確かに毎日遅くまで残業をしていた訳ではありませんが、どうしても仕込みに時間がかかるメニューがあるので、30分程度は残業をしていました。

4　私の1日の作業内容は、その日のメニューにもよりますが、例えば以下のような流れになります。なお、以下の作業の流れは、私が本件レストランのチーフになってからのものです。

　　①　着替え、消毒液の作成、消毒（所要時間10分程度）。

　　②　当日の打合せ（所要時間10分程度）。

　　③　大型の釜（回転釜）3個・大型の寸胴釜4個で湯を沸かす（所要時間40～50分）。

　　④　食材の解凍、炊飯（米10kg分）タレの調理。

⑤　（午前 7 時頃）モーニングの営業（午前 8 時から）に向けて、モーニング 20 食程度の準備。

⑥　（午前 7 時 30 分頃）ランチ用のおかずの調理。

⑦　ランチの営業に向けて、ランチメニュー（A ランチ、B ランチ、C ランチ、幕の内弁当、カレー、ラーメンセット、麺類単品、おにぎり等）の準備。

⑧　（午前 11 時）ランチの営業開始。A 〜 C ランチの盛り付けを開始。

⑨　（正午から午後 1 時 30 分頃）本件レストランが入っているビル内の会社の職員が一斉に来店するため、その対応を行う。

⑩　（午後 1 時 30 分頃）調理器具や容器を洗う（所要時間 1 時間〜 1 時半程度）。

⑪　翌日のランチの仕込み（所要時間 1 時間 30 分〜 2 時間程度）。

⑫　3 日に 1 回、カレーの調理（所要時間 2 時間 30 分〜 3 時間程度）。

⑬　翌日のランチの仕込み完了後、調理器具や容器や作業場の洗浄や片付け（所要時間約 1 時間）、在庫（一部）確認（所要時間 10 〜 15 分程度）。これらが終わった時点で、概ね午後 6 時から午後 6 時 30 分頃となっている。

5　以上のとおり、ある程度人が揃っていても残業なく終えることは不可能な業務内容であり、本件レストランの期間限定メニューが加わると更に仕込みや調理に多くの時間が必要になります。残業なしでこなせる業務では絶対ありませんので、裁判所にはこのことをわかってもらいたいです。

以　上

## 2　答弁書

A弁護士に与えられた資料のうち、「答弁書」の内容は以下のとおりです。

---

平成 30 年（ワ）第○号　未払い残業代請求事件

原告　　乙村一郎

被告　　株式会社甲野食堂

### 答　弁　書

平成 30 年 5 月 30 日

大阪地方裁判所第○民事部　御中

（送達場所）〒○○○○

住所・TEL・FAX（略）

被告訴訟代理人弁護士　　丁野次郎

**第1　請求の趣旨に対する答弁**

1　原告の請求を棄却する

2　訴訟費用は原告の負担とする

との判決を求める。

**第2　請求の原因に対する認否**

1　「第1　当事者」について

　　認める。

2　「第2　割増賃金請求権」について

（1）「1　労働契約の成立と入社後の勤務歴、地位」について

　　認める。

（2）「2　原告の賃金」について

認める。

（3）「3　原告の労働時間」について

否認する。

（4）「4　原告の割増賃金請求権」について

被告が原告に対し、残業手当3万円（月額）を支給していたことは認めるが、その余は否認ないし争う。

## 第3　被告の主張

### 1　原告の所定労働時間及び被告における労働時間管理体制

原告が主張しているとおり、原告の始業時間は午前6時30分であり、終業時間は午後3時30分（休憩60分）であった。

被告では、タイムカードによる勤務時間の管理はしていなかったが、タイムカードに代わるものとして、勤怠管理表を使用して従業員の勤務時間等を管理していた。すなわち、各事業所の責任者は、各従業員が出勤や欠勤をした場合にその旨を勤怠管理表に記入するほか、残業や早退をした場合にも、本社の管理責任者（勤怠管理表では「営業」と記載されている。）へ電話連絡を入れた上で、勤怠管理表に残業等をした時間を記入している。そして、毎月25日の締日までの記入を終えた時点で、各事業所の責任者は、勤怠管理表を本社の管理責任者へファックス送信をし、これによって、被告は各事業所の従業員の勤怠管理を行っている。

### 2　原告の実労働時間

（1）勤怠管理表の記載内容

平成27年4月分から平成29年12月分（原告が被告に勤務していた期間）の勤怠管理表を提出する（乙1）。

このうち、平成28年1月分から平成29年9月分（原告が割増賃金の支払を求めている期間）についてみると、原告は、以下の時間外労働をしたほかには時間外労働をした事実はなく、休日労働をした事実もない（なお、勤怠管理表は各事業所から被告の本社にファックス送信されたものであるため、被告が後から修正等を加えることはできな

い。）。

　　　平成 28 年 11 月分　　時間外労働合計 10 時間

　　　平成 28 年 12 月分　　時間外労働合計 6 時間

　　　平成 29 年 4 月分　　　時間外労働合計 3.5 時間

（2）原告の業務内容等

　　原告は、原告の平均労働時間は 12 時間であり、繁忙期の勤務時間は 15 時間であったが、原告が労働組合に加入した平成 29 年 9 月 10 日以降の勤務時間は 8 時間であった旨主張する。

　　しかし、甲野食堂の責任者であった原告自身が記載した勤怠管理表の記載が上記（1）のとおりであることからも明らかなように、原告の平均労働時間が 12 時間であった事実や、繁忙期の勤務時間が 15 時間であった事実は一切ない。

　　また、原告の就業場所は甲野レストラン（以下「本件レストラン」という。）であり、主に本件レストランで提供する食事を調理することを業務としていたことから、基本的に就業時間内に勤務を終えることが可能だったのであり、長時間にわたり残業をする必要も休日労働をする必要もなかった。

　　以上から、原告の上記主張には理由がない。

### 3　原告に対する既払額

　　原告は、前記 2（1）記載の時間外労働を行っているが、被告は、原告に対し、当該時間外労働相当の割増賃金を超える金額を時間外労働手当として既に支払済みである。

## 第4　結論

　　以上から、原告の主張には理由がないため、原告の請求はただちに棄却されるべきである。

## 乙第1号証　勤怠管理表（ただし、掲載は一部のみ）

平成29年10月

出勤日は【○】欠勤時は【欠】必ず記入してください。※25日を記入後は○の集計をして、FAX送信してください。
残業・早退をした場合、必ず営業へ連絡を入れたうえで　残業の場合（1時間残業【1】、30分の場合【0.5】）早退の場合（2時間早退【▲2】、1時間30分早退【▲1.5】）
全て枠内へ記入して下さい。

| 氏名 | 実働時間 | 26 | 27 | 28 | 29 | 30 | 31 | 1 | 2 | 3 | 4 | 5 | 6 | 7 | 8 | 9 | 10 | 11 | 12 | 13 | 14 | 15 | 16 | 17 | 18 | 19 | 20 | 21 | 22 | 23 | 24 | 25 | 計 |
|---|---|---|---|---|---|---|---|---|---|---|---|---|---|---|---|---|---|---|---|---|---|---|---|---|---|---|---|---|---|---|---|---|---|
| 乙一郎 | 8:00 | ○ | ○ | ○ | ○ | ○ |  |  | ○ | ○ | ○ | ○ | ○ |  |  |  | ○ | ○ | ○ | ○ |  |  | ○ | ○ | ○ | ○ | ○ | 4.5 | 8 | ○ | ○ | ○ | 24 |
| A | 8:00 | ○ | ○ | ○ | ○ | ○ |  |  | ○ | ○ | ○ | ○ | ○ |  |  |  | ○ | ○ | ○ | ○ |  |  | ○ | ○ | ○ | ○ | ○ |  |  | ○ | ○ | ○ | 22 |
| B | 8:00 | ○ | ○ | ○ | ○ | ○ |  |  | ○ | ○ | ○ | ○ | ○ |  |  |  | ○ | ○ | ○ | ○ |  |  | ○ | ○ | ○ | ○ | ○ |  |  | ○ | ○ | ○ | 22 |
| C | 8:00 | ○ | ○ | ○ | ○ | ○ |  |  | ○ | ○ | ○ | ○ | ○ |  |  |  | ○ | ○ | ○ | ○ |  |  | ○ | ○ | ○ | ○ | ○ |  |  | ○ | ○ | ○ | 22 |
| D | 4:00 | 1 | 1 | 2 | 2 | 1 |  |  | ○ | 1 | 2 | 1 | 1 |  |  |  | 1 | 2 | 1 | 2 |  |  | 2 | 1 | 2 | 2 | 2 |  |  | 1 | 1 | 3 | 22 |
| E | 5:00 | ○ | ○ | 欠 | 欠 | ○ |  |  | ○ | ○ | 欠 | ○ | ○ |  |  |  | ○ | 欠 | ○ | ○ |  |  | 欠 | ○ | 欠 | ○ | ○ |  |  | ○ | ○ | 欠 | 16 |
| F | 5:00 | ○ | ○ | ○ | ○ | ○ |  |  | ○ | ○ | ○ | ○ | ○ |  |  |  | ○ | ○ | ○ | ○ |  |  | ○ | ○ | ○ | ○ | ○ |  |  | ○ | ○ | ○ | 22 |
| G | 5:00 | ○ | ○ | ○ | ○ | ○ |  |  | ○ | ○ | ○ | ○ | ○ |  |  |  | ○ | ○ | ○ | ○ |  |  | 0.5 | ○ | ○ | ○ | ○ |  |  | ○ | ○ | ○ | 22 |
| H | 5:00 | ○ | ○ | ○ | ○ | ○ |  |  | ○ | ○ | ○ | ○ | ○ |  |  |  | ○ | ○ | ○ | ○ |  |  | 0.5 | ○ | ○ | ○ | ○ |  |  | ○ | ○ | ○ | 22 |
| I | 5:00 | ○ | ○ | ○ | ○ | ○ |  |  | ○ | ○ | ○ | ○ | ○ |  |  |  | ○ | ○ | ○ | ○ |  |  | 0.5 | ○ | ○ | ○ | ○ |  |  | ○ | ○ | ○ | 22 |
| J | 5:00 | ▲0.5 | 2.0 | ▲0.5 | ▲0.5 | ▲0.5 |  |  | ○ | ▲0.5 | 2.0 | ▲0.5 | ▲0.5 |  |  |  | ▲0.5 | 2.0 | ▲0.5 | ▲0.5 |  |  | ▲0.5 | ▲0.5 | 2.0 | ▲0.5 | ▲0.5 |  |  | ▲0.5 | ▲0.5 | 2.0 | 22 |
| K | 4:30 | ▲0.5 | 2.0 | ▲0.6 | ▲0.5 | ▲0.5 |  |  | ○ | ▲0.5 | 2.0 | ▲0.6 | ▲0.5 |  |  |  | ▲0.5 | 2.0 | ▲0.6 | ▲0.5 |  |  | ▲0.5 | ▲0.5 | 2.0 | ▲0.6 | ▲0.5 |  |  | ▲0.5 | ▲0.5 | ○ | 22 |
| L | 5:00 | ○ | ○ | 欠 | 欠 | ○ |  |  | ○ | ○ | 欠 | ○ | ○ |  |  |  | ○ | 欠 | ○ | ○ |  |  | ○ | ○ | ○ | ○ | ○ |  |  | ○ | 欠 | 欠 | 17 |
| M | 5:00 | ○ | ○ | ○ | ○ | ○ |  |  | ○ | ○ | ○ | ○ | ○ |  |  |  | ○ | ○ | ○ | ○ |  |  | ○ | ○ | ○ | ○ | ○ |  |  | ○ | ○ | ○ | 22 |
| N | 5:00 | ○ | ○ | ○ | ○ | ○ |  |  | ○ | ○ | ○ | ○ | ○ |  |  |  | ○ | ○ | ○ | ○ |  |  | ○ | ○ | ○ | ○ | ○ |  |  | ○ | ○ | ○ | 22 |
| O | 8:00 | ○ | ○ | ○ | ○ | ○ |  |  | ○ | ○ | ○ | ○ | ○ |  |  |  | ○ | ○ | ○ | ○ |  |  | ○ | ○ | ○ | ○ | ○ |  |  | ○ | ○ | ○ | 22 |

10/16（月）団体交渉　　　　　　　　乙村
10/21（土）業者清掃立ち会い　　　　乙村 4.5h
10/22（日）業者清掃立ち会い　　　　乙村 8h

以　上

## 3　被告との打合せ内容

　A弁護士に与えられた資料のうち、依頼者（被告）との打合せ内容は、以下のとおりです。

---

　甲野太郎といいます。株式会社甲野食堂を経営しています。当社は、レストランの運営を行う会社です。運営するレストランは関西圏に5か所あり、従業員はパートを含めて100名です。

　当社が運営するレストランの一つで調理師として勤めていた乙村一郎という者がいるのですが、この度、乙村から未払い残業代の支払いを求める訴訟を提起されました。乙村は、平成27年4月1日から当社のレストランで調理師として働きはじめたのですが、半年後の同年10月1日には調理責任者となり、レストランの調理全般を任せてきました。

　乙村は、調理師としての腕前もよく、勤務態度も良好だったので、私も信頼して調理に関しては彼にすべて任せていたのですが、平成29年9月、突然、労働組合に加入し、その後、残業代の未払いがあるとの主張を行うようになりました。それまで、乙村から、残業代の未払いがあるとの主張がなされたことはなかったので、突然のことに驚きました。乙村によれば、出勤日の平均実働時間は6時から18時までの12時間に及んでおり、休憩時間はなかったということです。

　しかしながら、当社は、きちんと従業員の労働時間を管理しており、残業が常態化していたということはありませんし、発生した残業代についてはきちんと支払っていましたので、乙村の主張に理由はないと考えています。

　当社では、従業員の労働時間を把握するため、現場ごとに勤怠管理表を作成し、現場の責任者に日々記録させています。勤怠管理表には、各従業員の出勤・欠勤や、残業や早退をした場合にはその時間を記入することになっています。

　乙村からは、未払いの残業代が発生していることを示す資料として、平

---

成 29 年 4 月分（平成 29 年 3 月 26 日〜同年 4 月 25 日）ないし同年 8 月分（平成 29 年 7 月 26 日〜同年 8 月 25 日）についてタイムカードが提出されていますが、当社では、タイムカードによって労働時間を管理していた事実はありません。また、タイムカードが存在しない期間については、本件レストランが入っているビルの入退館記録が提出されていますが、入退館記録は、労働時間を反映したものではありません。

　当社としては、支払うべき残業代についてはすべて支払っておりますので、乙村に支払うべき残業代の未払いはなく、乙村からの請求には応じられないと考えています。

# 4 原告第1準備書面

　A弁護士に与えられた資料のうち、「原告第1準備書面」の内容は、以下のとおりです。

平成 30 年（ワ）第○号　未払い残業代請求事件
原告　　乙村一郎
被告　　株式会社甲野食堂

**原告第1準備書面**

平成 30 年 7 月 5 日

大阪地方裁判所第○民事部　御中

原告訴訟代理人弁護士　　乙野太郎

## 第1　勤怠管理表及びタイムカードについて
　1　被告は、被告においては、タイムカードによる勤務時間の管理をし

ていなかったが、タイムカードに代わるものとして、勤怠管理表を使
用して従業員の勤務時間等を管理していた旨主張する。すなわち、レ
ストランの責任者は、各従業員が出勤や欠勤をした場合にその旨を勤
務管理表に記入するほか、残業や早退をした場合にも、本社に電話連
絡を入れた上で、勤怠管理表に残業等をした時間を記入している。そ
して、給与の締め日である毎月25日までの記入を終えた時点で、レ
ストランの責任者は、勤怠管理表を本社の人事担当者にファックス送
信をし、これによって、被告はレストランの従業員の勤怠管理を行っ
ていた旨主張する。

2　しかしながら、被告にはタイムカードが存在する。原告が勤務して
いたレストランの休憩室には被告のタイムカードが置いてあり、従業
員は出勤すると、実際の出退勤時間を記入するのではなく、被告との
労働契約で定められた始業・終業時間を記入していた。原告も入社し
てすぐに、当時のレストランの責任者からこのようなタイムカードの
記入の仕方を指示されたため、やむなく従っていた。なお、タイムカー
ドは、締日である25日以降、レストランの責任者が従業員全員のタ
イムカードを本社へ郵送していた。

3　原告は、平成27年10月1日から、レストランの責任者となり、同
月から従業員全員の勤怠管理表を作成するようになった。その際、原
告は、本社の人事担当者から、勤怠管理表の記入の仕方について、社
員は残業ゼロ、パートは実際の労働時間を記載するようにとの説明を
受けた。

　しかし、原告は、社員を含め、平成27年10月1日から同月25日
までの間、実際の残業時間数を記入した。すると、本社の人事担当者
から、「なぜ社員の残業時間数を書いたのか？」と問われた。これに
対し、原告は、「実際に働いていることをわかって欲しくて書いた。」
と回答したが、それ以降も実際の残業時間数を記入し続けると解雇さ
れると思い、翌営業日である10月26日以降、実際の残業時間にかか
わらず、社員の残業時間数をゼロと記入するようにした。

　ただし、原告は、平成29年4月分ないし同年8月分については、
できる限りタイムカードに実際の労働時間を記入するようにしてお

り、このタイムカードを本社に送っていた。ところが、平成 29 年 9 月 11 日以降、本社の人事担当者がレストランに来て、終業時間になると仕事の状況に関係なく退勤するように指示していたため、実際は残業をしていても、タイムカードに実際の労働時間を記入できなくなった。

4　以上のとおり、勤怠管理表は、原告自身が作成しているが、実際の残業時間数を示すものではないことから、被告の上記主張には理由がない。

### 第 2　ビルの入退館記録について

平成 29 年 4 月分ないし同年 8 月分の労働時間はタイムカード記載の出退勤時刻を根拠とするが、タイムカードが存在しない平成 28 年 1 月分ないし平成 29 年 3 月分までの労働時間は、本件レストランが入居するビルの入退館記録に記載の入退館時間を根拠とする。ただし、別の社員が原告よりも先に出勤している場合は、原告の入館記録がない。その場合、原告は遅くとも午前 6 時 30 分には出勤していたことから、午前 6 時 30 分を出勤時刻とする。また、原告の退館記録がない日は、原告と概ね同じ時刻まで勤務していた別の従業員（訴外従業員 B）の退館時間をもって原告の退館時間とする。

以　上

# 5　A 弁護士と被告との打合せ内容

以下は、A 弁護士が、被告訴訟代理人の立場として依頼者と打合せを行った際の質問事項であり、先輩弁護士が依頼者となって回答したものです。

【A 弁護士】
本件レストランの営業時間はどのようになっているのですか。

**【回答】**

　営業時間は、午前8時から午後3時までと、午後5時から午後9時までとなっています。

**【A弁護士】**

　本件レストランにおける原告の業務内容はどのようなものでしたか。

**【回答】**

　原告は、調理師として調理を担当していました。混雑時には、盛り付けや接客を手伝うこともありました。

**【A弁護士】**

　本件レストランで勤務していた従業員の人数と配置場所を教えて下さい。

**【回答】**

　時期により変動はありましたが、調理担当が2～3名、接客担当が8～10名で、シフトを組んで対応していました。

**【A弁護士】**

　本件レストランはどの程度繁盛していましたか。

**【回答】**

　お昼の12時～12時40分ころまでは混雑していましたが、それ以外の時間帯は満席になるようなことはありませんでした。

**【A弁護士】**

　貴社が運営している他のレストランに比べて、本件レストランの忙しさはどうでしたか。

**【回答】**

　特に忙しいということはありませんでした。

**【A弁護士】**

　勤怠管理表には、「平成29年10月16日（月）　団体交渉　乙村」という記載がありますが、これは原告と団体交渉を行ったことを示しているのですか。

【回答】

　はい。

【A弁護士】

　団体交渉を行ったことがわかる資料は、何かありませんか。

【回答】

　原告から送られてきた団体交渉申入書に、平成29年10月16日の18時30分からの団体交渉を申し入れる旨の記載があります。

【A弁護士】

　貴社が運営しているレストラン間での人事異動というのはあったのですか。

【回答】

　はい、ありました。

【A弁護士】

　貴社において、タイムカードはあったのですか、なかったのですか。

【回答】

　ありました。

【A弁護士】

　タイムカードによる勤怠管理は行っていたのですか。

【回答】

　いいえ。タイムカードによる勤怠管理はしていません。

【A弁護士】

　では、なぜタイムカードが現場に置かれていたのですか。

【回答】

　約10年前まではタイムカードを使って勤怠管理をしていましたが、勤怠管理表をつけるようになったので、タイムカードは必要なくなりました。ただ、パートから、シフトを記入するためのメモとして使いたいという要望があったので、メモ代わりに使ってもらうために各現場に置いていました。

**【A弁護士】**

　勤怠管理表の作成手順を教えて下さい。

**【回答】**

　各現場の責任者が、各従業員の出勤や欠勤を記入するほか、残業や早退をした場合にも、本社の人事担当者に電話連絡を入れた上で、その時間を記入します。そして、毎月25日までの記入を終えた時点で、各現場の責任者が本社の人事担当者に勤怠管理表をファックスします。

**【A弁護士】**

　勤怠管理表に記載された残業時間を見ると、残業をよくしている人とあまりしていない人がいますが、どういう理由からですか。

**【回答】**

　パートは所定労働時間が短いので、残業になることが多かったといえます。

**【A弁護士】**

　残業時間がついている人には、その時間分の残業代を支払っていますか。

**【回答】**

　はい。

**【A弁護士】**

　原告の勤務態度はどうでしたか。

**【回答】**

　特に問題に感じたことはありません。

**【A弁護士】**

　原告から、勤務時間について不満が出たことはありますか。

**【回答】**

　ありません。

**【A弁護士】**

　原告以外の従業員から、勤務時間や労働環境について不満が出たことはありませんか。

【回答】

　ありません。

【A弁護士】

　原告が入社してから退職するまで、原告の業務内容に変更はありましたか。

【回答】

　ありません。

【A弁護士】

　原告は、平成 29 年 9 月 11 日以降、本社から役員が来て、仕事の状況に関係なく退勤するように指示したと主張していますが、そのような事実はありますか。

【回答】

　役員が現場の状況を確認しに行ったのは事実ですが、原告が業務を終えたのは確認しており、仕事が残っているのに退勤を指示したということはありません。

【A弁護士】

　現場の状況を確認したのは、9 月 11 日からいつまでですか。

【回答】

　9 月 15 日までです。

【A弁護士】

　現場の状況を確認したのは、何時から何時までですか。

【回答】

　午前 6 時ころから午後 5 時ころまでです。

【A弁護士】

　原告からは、タイムカードのほか、労働時間を裏付ける資料として、ビルの入退館記録が提出されていますが、ビルの入退館記録には何が記録されるのですか。

【回答】

　本件レストランが入っているビルでは、店舗ごとに鍵があり、ビルの入口で鍵を受け取って店舗に入室することになっています。入退館記録には、鍵を受け取った人と時間、鍵と返却した人と時間が記録されることになっています。

【A弁護士】

　では、原告以外の人が鍵を受け取ったり、鍵を返却した場合には、原告の出勤時間や退勤時間は、入退館記録には反映されないということですか。

【回答】

　はい。

【A弁護士】

　原告は、業務を終えれば直ちにビルの入口で鍵を返却するのですか。

【回答】

　いいえ、そうとは限りません。業務を終えて、着替えが終わればすぐ返却する場合もありますが、休憩をしてから返却する場合もあります。

【A弁護士】

　役員が現場の状況を確認したときに、業務終了後、ビルを出る前に原告が休憩しているのを見ましたか。

【回答】

　はい。

【A弁護士】

　そのときの状況を教えて下さい。

【回答】

　本件ビル内の喫煙スペースで、私服に着替えた原告が、業務を終えた他の従業員とともに喫煙しているのを見かけました。

## 6　A弁護士が作成した準備書面案

　以上の資料及び打合せを経て、A弁護士が作成した準備書面案は以下のとおりです。

---

平成 30 年（ワ）第○号　未払い残業代請求事件
原告　　乙村一郎
被告　　株式会社甲野食堂

### 被告第 1 準備書面

平成 30 年 9 月 2 日

大阪地方裁判所第○民事部　御中

被告訴訟代理人弁護士　丁野次郎

### 第 1　被告の主張

　勤怠管理表（乙 1）の原告の労働時間についての記載は信用でき、これに基づいて計算した残業代は、既に支払済みである。また、仮に勤怠管理表の信用性が認められないとしても、原告の主張する未払割増賃金の算定方法には不合理な点が多く、いまだ未払割増賃金の算定の基礎となる実労働時間について、必要な立証はなされていない。そのため、原告の請求は認められない。以下詳述する。

### 第 2　上記期間中の原告の実労働時間は、勤怠管理表（乙 1）に正確に記載されていること（乙 1 の記載が信用できること）

　1　被告が運営するレストラン（以下「本件レストラン」という。）では、従業員の労働時間管理を、勤怠管理表（乙 1）を利用して行っており、以下に述べる理由から、原告の上記期間中の残業時間についての記載は信用できる。よって、被告は、勤怠管理表に基づいて計算した残業手当は既に支払済みであるから、原告が請求する未払割増賃金は存在

しない。

（1）勤怠管理表は、原告自身により作成されていたこと

　　　原告も主張する通り、原告が本件レストランの責任者となった平成27年10月1日以降は、原告自身が、本件レストランの従業員全員の勤怠管理表（乙1）を作成していた。当該文書について作成権限を持つ者が、自己に不利益な記載をわざわざする理由は考え難い。原告は、勤怠管理表に残業時間を記載しなければ、それに応じた残業手当を受けることができなくなるのであるから、実際は残業しているにもかかわらず勤怠管理表には残業時間「0」（ゼロ）と記載することは、原告にとって不利益な記載に当たる。そのため、原告が実際には残業をしているにもかかわらず、残業時間を「0」として記載することは考えがたい。そのため、勤怠管理表（乙1）の原告の残業時間数の記載は、信用できる。

（2）他の客観的な証拠と整合すること

　　　勤怠管理表には、「平成29年10月16日（月）　原告　団体交渉」との記載があり、この内容は、団体交渉申入書の内容と整合する。この通り、勤怠管理表の記載は客観的な証拠と整合しているため、原告の実労働時間の記載全体についても信用性が認められる。

2　これに関し、以下のような点も認められるが、下記の通り、勤怠管理表の信用性に影響を及ぼすものではない。

（1）原告が、本件レストランの責任者となった後、本件レストランの営業担当者から、勤怠管理表の記入の仕方について、「社員は残業ゼロ、パートは実際の労働時間を記載するように」との説明を受けたと主張していること。

　　　被告が当時の営業担当者やその他の社員に対し、各事業所において勤怠管理表の記入の仕方について、社員は残業代ゼロとするよう指導したことはなく、原告の主張には証拠が伴っていない。現に、原告が残業をした際には、その旨が記載されている（乙1）。そのため、上記主張から当該事実を認定することはできない。

（2）被告にはタイムカードが存在し、平成29年4月から同年8月までの間、できる限りタイムカードに実際の労働時間を記入するよう

にしていたと主張していること。

ア　被告は、以前はタイムカードによる勤怠管理をしていたが、約10年前から、タイムカードによる勤怠管理に代えて、現在の勤怠管理表によって管理する方法に変更した。その際、被告はタイムカード用紙の配布を廃止する予定であったが、従業員から、自分のシフトを把握するためのメモ用紙として引き続き使用したいとの要望があり、これに応じるために、被告は全事業所の従業員に対し、タイムカード用紙の配布を継続して行っていたにすぎない。したがって、原告の主張するタイムカード（甲1）は、あくまでメモに過ぎず、時間管理のために用いられていたものではない。そのため、原告の本件期間中の実労働時間を判断するうえで、参考となるものではない。

イ　原告は、上記主張に合わせて、平成29年9月11日以降は、実際は残業をしていても、タイムカードに実際の労働時間を記入することはできなくなったとも主張している。しかし、平成29年9月11日は、原告が労働組合に加入した日の翌日であることに鑑みれば、労働組合加入前にはタイムカードに実際の労働時間を記入していたにもかかわらず、労働組合に加入して後ろ盾を得た後に実際の労働時間を記入できなくなるのは、いかにも不自然である。そのため、原告の上記主張は一見して不合理であり、信用性は認められない。

（3）原告の具体的な労働内容について

ア　原告は、1日の業務内容及びおよその所要時間について述べたうえ、午前6時には出勤し、午後6時まで勤務する必要があったことを主張する。

イ　しかし、原告の主張する業務内容を前提としても、本件レストランの一番の繁忙時はランチの時間帯である12時から12時40分の間に過ぎない。そのため、ランチの時間帯が終われば、それ以降は、洗い物や翌日の仕込みを行うことができる。

ウ　したがって、勤怠管理表の原告の勤務時間についての信用性を減殺するものではない。

（4）原告の陳述書（甲2）について

　ア　原告は、被告の残業についての方針として、「基本付けない」「パートは帰せ」といわれていた旨主張する。

　イ　しかし、本件期間中、時間外労働をしている本件レストランの従業員は複数人おり、しかも、恒常的に残業をしているパートも複数いた（乙1）。この事実は、原告の上記供述とは矛盾するため、原告の陳述書（甲2）には、客観的事実に反する供述が含まれている。しかも、本件訴訟においては残業の有無が争点であることから、核心的な部分において、矛盾する供述であるから、甲2の信用性は大きく害されるといえる。したがって、原告の陳述書は全体として信用性が認められず、上記アの部分についても信用性は認められない。

3　以上の通りであるから、勤怠管理表（乙1）上の原告の労働時間の記載は信用できる。

## 第3　原告主張に係る、実労働時間の計算式について、合理的な根拠が認められないこと

　仮に勤怠管理表（乙1）の信用性が認められないとしても、そもそも労働者が使用者に対して労務を提供した実労働時間については、賃金を請求する原告（労働者）が主張立証責任を負う。

　原告は、タイムカードが存在しない期間中の実労働時間について、本件レストランが入居するビルの入退館記録に記載された原告の入退館時間をそれぞれ始業時間、終業時間とし、原告の入退館記録がない日については、始業時間を一律6時30分とする一方、終業時間については、別の従業員（訴外従業員B）の退館時間をもって原告の終業時間とし、訴外従業員Bによる記載もない日は、18時30分をそれぞれ終業時間として、上記期間の各勤務日の労働時間及び未払い残業代を算出している（以下「本件計算式」という。）。

　しかし、本件計算式には合理性が認められないため、原告により実働労時間について必要な立証がなされているとは言えない。以下詳述する。

**1　入退館記録上の返却時間を終業時間とすることの不合理性**

（1）労働基準法上の「労働時間」は客観的に判断され、労働者が使用者の指揮命令下に置かれている時間を指す。この点、入退館記録上の返却時間は、あくまで鍵を返却した時間が記録されるにとどまり、必ずしも終業時間と一致しない。

（2）具体的に述べれば、被告は、平成 29 年 9 月 10 日に原告及び訴外従業員Ｂが労働組合に加入した旨の通知を受けた後、被告の役員らが、同月 11 日から 15 日の 5 日間にわたり、6 時ころから 17 時ころまで、本件レストランにおいて、原告及び訴外従業員Ｂの勤務状況を確認した。その際、15 時 30 分に業務を終えて既に私服に着替えた原告が、業務終了後、本件ビル内の喫煙スペースで他の従業員とともに喫煙しているのが目撃されている。

（3）以上の通り、本件期間中、原告には、入退館記録に記録された鍵の返却時間までの間に使用者の指揮命令から離れている時間があったことが確認されているのであるから、被告役員らによる労働状況の確認がなされなかった日についても、同様の事情があったことが疑われる。そのため、貸出簿上の返却時間と終業時間を同視すること（すなわち返却時間まで就労していたと考えること）は不合理といわざるを得ない。

**2　訴外従業員Ｂの鍵の返却時間を原告の終業時間とすることの不合理性**

（1）原告は、訴外従業員Ｂにより本件レストランの鍵が返却されている場合には、当該返却時間を終業時間とすることの理由について、原告と訴外従業員Ｂは、同時に退勤することが多かったという点を指摘する。

（2）しかし、原告の所定勤務時間が 6 時 30 分から 15 時 30 分であるのに対し、訴外従業員Ｂの所定労働時間は、8 時から 17 時とされており、終業時間には 1 時間半の差異が存在する。そのため、いくら両者が同じ調理師であるとしても、両者は担当している業務が異なるうえ、終業時間が 1 時間半も違えば、別のタイミングで退勤す

ると考えるのが合理的である。したがって、訴外従業員Bの入退館記録の返却時間を原告の終業時間と考えることに合理性は認められない。

### 3　小括

よって、原告の主張する本件計算式には合理性が認められず、原告の実労働時間を合理的に推認するものとはいえない。したがって、原告の実労働時間について、合理的な疑いを超える程度の立証がなされているとは言えない。

## 第4　結論

以上の通り、乙1に信用性が認められるうえ、原告主張の本件計算式には合理性がない。したがって、原告の請求は認められない。

以　上

# 7 A弁護士のヒアリング対応及び作成した準備書面案の問題点

## 1. はじめに

まず、A弁護士が行った依頼者へのヒアリングにおいて問題があると思われる点を指摘します。

本件事例においては、原告が主張するように、実働時間が12時間にも及んでいた事実があるか否かがもっとも重要なポイントとなります。被告としては、実働時間が12時間にも及んでいた事実はないことを主張するわけですが、単にそのような事実はないと主張するだけでは、裁判所の理解を得ることはできません。もちろん、時間外労働を行ったことの立証責任は原告側にありますが、一部の期間についてはタイムカードが存在し、

少なくとも当該期間については時間外労働を行ったことを裏付ける客観的証拠が提出されている以上、被告としては、タイムカードに記載された時間は実際の実働時間を表すものではないことを説得的に裁判所に示す必要があります。

　また、タイムカードが存在しない期間についても、本件レストランが入っているビルの入退館記録が存在し、当該記録により原告の労働時間が裏付けられる可能性もあることから、当該記録を労働時間算定の根拠とすることが合理的でない理由について、詳細かつ説得的に論じる必要があります。

　すなわち、本件事案においては、労働時間を算定する基礎資料として、原告側からは、「タイムカード」及び「入退館記録」が、被告側からは、「勤怠管理表」が提出されているという状況にありますので、まず、被告としては、原告が提出した「タイムカード」及び「入退館記録」が、実際の労働時間を反映したものではなく、両証拠によって労働時間を認定することはできないことを示した上で、「勤怠管理表」が実際の労働時間を正確に反映したものであることを主張・立証する必要があります。

## 2. タイムカードについて

　A弁護士が作成した準備書面においては、勤怠管理表の信用性について主張する中でタイムカードの存在について触れ、「タイムカードの存在は、勤怠管理表の信用性に影響を及ぼすものではない」旨を主張しています。

　しかしながら、本件のような未払い残業代請求の事案における「タイムカード」の重要性に鑑みると、勤怠管理表の信用性について述べる以前に、まずは原告から提出された「タイムカード」が実際の労働時間を反映したものではなく、残業代算定の基礎資料となり得ないことについて説得的に論じることが重要となります。

　まず、「タイムカード」が勤怠管理に使用されている会社においては、「タ

イムカード」に打刻された時間が実労働時間算定の基礎とされるのが一般的ですので、本件事案においては、そもそも「タイムカード」が勤怠管理に使用されていた事実はないことを示す必要があります。

　この点、A弁護士による依頼者へのヒアリングでは、タイムカードに関し、以下のようなやり取りがなされています。

---

【A弁護士】
　貴社において、タイムカードはあったのですか、なかったのですか。
【回答】
　ありました。
【A弁護士】
　タイムカードによる勤怠管理は行っていたのですか。
【回答】
　いいえ。タイムカードによる勤怠管理はしていません。
【A弁護士】
　では、なぜタイムカードがあったのですか。
【回答】
　約10年前まではタイムカードを使って勤怠管理をしていましたが、勤怠管理表をつけるようになったので、タイムカードは必要なくなりました。ただ、パートから、シフトを記入するためのメモとして使いたいという要望があったので、メモ代わりに使ってもらうために各現場に置いていました。

---

　このヒアリングでは、「約10年前までタイムカードを使用していたが、勤怠管理表を使用するようになったため、タイムカードを使用しなくなった」ということが述べられているだけで、タイムカードを廃止した理由や勤怠管理表により労働時間の管理がなされるようになった経緯について、何ら触れられていません。しかしながら、これらの点について具体的なエ

ピソードを交えて説得的に説明できるかどうかで、「現在は、労働時間管理のためにタイムカードを使用していない」とする被告の主張の信用性は大きく異なってくると思われます。

　例えば、約10年前までは、締め日に各現場において回収したタイムカードを本社に送付し、本社において、給与支給日までに手作業で残業代を集計することも可能であったが、従業員数が増大したため、かかる手作業による集計が困難となったという事情や、勤怠管理表であれば、各現場から本社に毎日ファックス送信させることで、本社において日々残業時間を把握することが可能となるといった事情を具体的に主張することによって、被告の上記主張の合理性が裏付けられることになります。

　また、労働時間管理のために使用しないにもかかわらず、各現場にタイムカードが置かれていたことについて、被告からは、「シフトを記入するためのメモとして使いたいという要望があった」という説明がなされるにとどまっています。しかしながら、タイムカードを労働時間管理のために使用していなかったのであれば、本来、タイムカードを現場に備えておく必要はないはずですので、あえて現場にタイムカードを置いていた事情について具体的に説明できなければ、被告の主張は不合理であるとの印象を持たれることになりかねません。したがって、パートからシフトを記入するためのメモとして使いたいという要望があったというのであれば、その要望を受けて、被告としてどのように判断し、現場にタイムカードを置くこととしたのか、実際にタイムカードがシフトを記入するためのメモとして使われていた事実があるのか、メモとして使われていた事実があるのであれば、どれくらいの人数のパートが使用していたのか、その使用実態を被告としてどのようにして把握していたのか、メモとして使われていたタイムカードが現存するのかどうか等、被告の主張を裏付ける客観的事実や証拠の有無について、ヒアリングで積極的に確認することが必要となります。

　ところで、A弁護士が作成した準備書面では、タイムカードの記載と原

告の主張に矛盾点がないか、タイムカードの記載自体やタイムカードに関する原告の主張に不自然な点はないか、という観点からの主張が十分になされていません。

　たとえば、訴状において原告は、「土曜日は全て出勤」していたと主張していますが、タイムカードの記載を分析してみると、原告は基本的に土曜日と日曜日は出勤しておらず、不定期に土曜日に出勤していたに過ぎないことがわかります（甲1参照。平成29年4月で土曜日に勤務したのは22日のみ）。

　次に、タイムカードの記載自体について見てみると、タイムカードに記載された時間は、機械によって打刻されたものではなく、原告自身によって手書きされたものですので、原告の主張に沿うような形で、恣意的に時間が記載された可能性は否定できません。仮に、被告がタイムカードの記載内容を確認する機会がなかったのであれば、原告はいかようにでもタイムカードに時間を記入できたということになりますので、タイムカードの信用性は大きく損なわれることになります。したがって、原告はタイムカードを被告の本社に送っていたと主張しているが、そのような事実はあるのか、タイムカードが送られてきていたのであれば、被告はその内容を確認していたのか、送られてきたタイムカードを被告はどのように管理していたのか等についても、ヒアリングで確認する必要があるといえます。

　さらに、原告が提出しているのは、一定の期間（平成29年4月ないし同年8月）にかかるタイムカードに限られていますが、なぜこの5か月分についてのみタイムカードが作成されているのかについて、原告からは何ら合理的な説明がなされていません。この点について原告は、「平成29年9月11日以降、本社の人事担当者がレストランに来て、終業時間になると仕事の状況に関係なく退勤するように指示していたため、実際は残業をしていても、タイムカードに実際の労働時間を記入できなくなった。」という主張をしていますが、そもそも原告は、労働組合に加入した平成29年

９月11日以降、勤務時間は８時間であったとして、同日以降の残業代を請求していませんので、原告の上記主張は、原告の請求との関係において、何ら意味を持たないものといえます。

## 3. 入退館記録について

　原告は、タイムカードが存在しない期間については、「入退館記録」に記録された時間を労働時間算定の基礎とすべき旨を主張しています。

　これに対し、被告としては、「入退館記録」に記録された時刻が何を示すのかを明らかにした上で、その時刻が労働時間算定の基礎となり得るものなのかどうかを検証する必要があります。

　この点、Ａ弁護士による依頼者へのヒアリングでは、「入退館記録」に関し、以下のようなやりとりがなされています。

【Ａ弁護士】

　原告からは、タイムカードのほか、労働時間を裏付ける資料として、ビルの入退館記録が提出されていますが、ビルの入退館記録はどのように作成されるものなのですか。

【回答】

　本件レストランが入っているビルでは、店舗ごとに鍵があり、ビルの入口で鍵を受け取って店舗に入室することになっています。入退館記録には、鍵を受け取った人と時間、鍵と返却した人と時間が記録されることになっています。

【Ａ弁護士】

　では、原告以外の人が鍵を受け取ったり、鍵を返却した場合には、原告の出勤時間や退勤時間は、入退館記録には反映されないということですか。

【回答】
　はい。

　このヒアリングの内容を前提とすると、原告自身の名前が入退館記録に記載されている場合には、入館時刻をもって始業時間、退館時刻をもって終業時間を推認することに一定の合理性があるようにも思われますが、入退館記録がなされる場所と本件レストランとの位置関係や、業務終了後、退館するまでの間に業務外の理由で時間が費消される可能性の有無等によっては、その合理性を否定することも十分可能ですので、これらの事情をヒアリングによって確認することが重要となります。

　この点、A弁護士が作成した準備書面案では、業務を終えて私服に着替えた原告が、本件ビル内の喫煙スペースで喫煙する姿を被告の役員が目撃したことを理由として、入退館記録に記載された退館時刻をもって終業時間とすることは不合理である旨主張しています。しかしながら、喫煙している姿を目撃したということ自体、被告の役員の陳述書や証言によって裏付けられるにすぎませんので、原告の主張の合理性を否定する根拠としては十分ではありません。

　例えば、原告からタイムカードが提出されている期間（平成29年4月から同年8月）についても入退館記録を提出するよう求め、タイムカードに記載された始業時間及び退館時刻と、入退館記録から推認される始業時間及び退館時刻にそもそも整合性があるのかどうかを確認することも考えられます。仮に、タイムカードに記載された時間と入退館記録に記載された時間とに整合性がないのであれば、原告の主張の信用性を大きく減殺することができます。

　また、原告は、原告自身の退館記録がない日については、別の従業員（訴外従業員B）の退館時間をもって原告の退館時間とする旨を主張していますが、この主張の合理性を検証するためには、訴外従業員Bの業務内容や

勤務体制を確認するとともに、原告と訴外従業員Bが常に同時に業務を終了していた事実があるのかどうか等を、本件レストランで勤務していた別の従業員からヒアリングするなどして確認する必要があります。

　この点、A弁護士が作成した準備書面では、原告と訴外従業員Bとの終業時間には1時間半の差異が存在することを理由として、原告の主張の不合理性について主張していますが、これだけでは十分ではなく、勤務の実態としても、原告と訴外従業員Bとが一緒に就業を終えていた事実がないことも併せて主張する必要があります。この主張を裏付ける証拠としては、訴外従業員Bの勤怠管理表、あるいは本件レストランで勤務していた従業員の陳述書や証言が考えられます。

## 4. 勤怠管理表について

　本件において、勤怠管理表に基づいて労働時間を算定すべきとの主張を行う場合、①被告においては、実際に勤怠管理表によって勤怠管理・労働時間管理がなされていたこと、②勤怠管理表の記載内容が信頼できる、という2つの観点から整理して主張するのがわかりやすいと思われます。

　A弁護士による依頼者へのヒアリングでは、勤怠管理表について以下のようなやりとりがなされています。

【A弁護士】
　勤怠管理表の作成手順を教えて下さい。
【回答】
　各現場の責任者が、各従業員の出勤や欠勤を記入するほか、残業や早退をした場合にも、本社の人事担当者に電話連絡を入れた上で、その時間を記入します。そして、毎月25日までの記入を終えた時点で、各現場の責任者が本社の人事担当者に勤怠管理表をファックスします。

【A弁護士】

　勤怠管理表に記載された残業時間を見ると、残業をよくしている人とあまりしていない人がいますが、どういう理由からですか。

【回答】

　パートは所定労働時間が短いので、残業になることが多かったといえます。

【A弁護士】

　残業時間がついている人には、その時間分の残業代を支払っていますか。

【回答】

　はい。

　このように、ヒアリングでは、勤怠管理表の作成手順について質問がなされ、具体的な作成手順について説明がなされているほか、勤怠管理表の具体的記載を踏まえた質問がなされていますが、勤怠管理表に記載された内容と他の客観的証拠との整合性を主張できれば、勤怠管理表には実際の労働時間が正確に記載されているということを客観的に示すことができます。

　A弁護士が作成した準備書面でも、客観的証拠（団体交渉申入書）と整合することが、勤怠管理表の記載が信用できる理由の一つとして挙げられています。加えて、勤怠管理表には、平成29年10月21日と同月22日に業者清掃の立ち合いがなされたことが記載されていますので、実際にこの日に業者清掃が行われたことを裏付ける資料（業者へ清掃料を支払った際の領収書等）が提出できれば、勤怠管理表には客観的事実に基づく記載がなされていることをさらに印象付けることができます。

## 5. 実際の業務内容について

　準備書面の作成にあたっては、原告・被告それぞれから提出された証拠及び当該証拠に基づく主張の合理性について検証を加えることが重要であることはいうまでもありませんが、本件事案では、これまでに見てきたタイムカード、入退館記録及び勤怠管理表に関する検証に加え、実際の業務内容に照らして、実働時間が 12 時間にも及ぶという原告の主張が合理的なものなのかを具体的かつ実証的に検討することが重要となります。

　この点、A弁護士の依頼者へのヒアリングにおいては、原告の業務内容に関するヒアリングにおいて、以下のような確認をするにとどまっていますが、このような抽象的なヒアリングにとどまっていては、原告が担当していた業務の具体的内容や各業務にどの程度の時間を要するのかはまったく明確にはなりません。

---

【A弁護士】
　レストランにおける原告の業務内容はどのようなものでしたか。
【回答】
　原告は、調理師として調理を担当していました。混雑時には、盛り付けや接客を手伝うこともありました。

---

　この点に関して具体的に主張しようと思えば、原告の一日の業務内容を、時系列で一つ一つ洗い出し、各業務にかかる所要時間を確認する必要があります（例えば、出勤後の着替えに 10 分、野菜の洗浄に 15 分、洗米に 20 分など）。このような確認作業は、一見面倒なようにも思えますが、このような確認作業を行っていくと、原告が行うべきルーティーンの作業内容が明確になり、日によって業務内容に多少の変動はあるとしても、実働時間が毎日 12 時間にも及ぶような作業は、実は存在しないということが、裁判所に説得的に説明できる可能性が出てきます。

　原告からは、一日の業務の流れについて、陳述書（甲2）で具体的な主張がなされていますので、その内容について一つ一つ検証し、反論することも有益であると考えられます。被告は、本件レストラン以外にも複数のレストランを経営しているということですので、他のレストランでの作業内容や業務フローも重要な反論材料になり得ると思われます。例えば、被告が経営しているレストランの中に、本件レストランと同程度の規模及び内容のレストランがあるのであれば、当該レストランにおいて原告と同様の立場にある従業員の作業内容や業務フローを明らかにするとともに、労働時間が所定労働時間内に収まっていることを立証するということが考えられます。

　また、原告は、労働組合に加入した日（平成29年9月10日）以降は30分程度しか残業をしていないと主張していますが、仮に、この日の前後で、本件レストランにおける業務内容や人員体制に特段変化がなかったのであれば、原告の業務内容や負担には何ら変化がなかったはずです。にもかかわらず、労働組合加入後、原告がさほど残業を行わなくても業務に支障は生じなかったということであれば、そもそも労働組合加入前においても、原告が平均して4時間にも及ぶ残業をする必要性はなかったということになりますので、業務内容や人員体制の変化の有無について依頼者に確認するのも重要なポイントとなります。

## 6. 原告が虚偽を述べる動機について

　以上のように、実際の実働時間が反映されているのは、原告が提出したタイムカード及び入退館記録ではなく、被告が提出した勤怠管理表であるということが裁判所に印象付けられたとしても、裁判所としては、原告が虚偽を述べてまで被告に残業代を請求する理由・動機があるかどうか、疑問に感じるところだと思われます。

　依頼者からのヒアリングを行うにあたっては、相手方からの主張に対して有効な反論材料となり得る事実はないか、依頼者にとって有利となる主張に結び付けられるような事実はないかといったように、「使える事実」を積極的に見つけに行くという姿勢が重要であり、漫然と依頼者に事実確認をするだけでは、重要な事実を聞き出せずに終わってしまう危険性もあります。

　このような点について意識して、改めて依頼者からのヒアリングを行ったところ、本件においては、以下のような事実が明らかになりました。

- 原告が労働組合に加入するに至った経緯を確認したところ、原告は、被告から配置転換を命じられ、これに反発していたことが判明した。
- 労働組合に加入した当初、原告の主張内容は、配置転換の辞令を撤回するよう求めるものであり、後日、残業代の未払いを主張するようになったことが判明した。

　ヒアリングの結果明らかとなった上記事情によれば、原告が労働組合に加入した動機は、実は残業代の未払いとは別のところにあったということがわかります。このように、原告が労働組合に加入したのは、被告から命じられた配置転換に異議があったからということであれば、原告が虚偽を述べてまで残業代を請求する動機についても説明がつくことになります。

　依頼者にとって不利益となり得る事実について、積極的に話をしてくれることを依頼者に期待できないというのは当然ですが、依頼者に有利となり得る事実であっても、そもそも依頼者自身が、その事実の重要性に気付いていないために表に出てこないということもあり得ます。したがって、ヒアリングにおいては、この点に留意しつつ、様々な可能性を念頭において、多様な角度から依頼者に事実確認を行うことが重要となります。

## ■執筆者略歴

### 佐伯 照道（さえき・てるみち）

弁護士。現在、弁護士法人北浜法律事務所パートナー。1965 年に京都大学法学部を卒業後、1968 年に弁護士登録（大阪弁護士会）。1973 年に八代・佐伯・西垣法律事務所（現・北浜法律事務所）を開設し、現在に至る。
大阪弁護士会会長・日本弁護士連合会副会長・近畿弁護士会連合会理事長を歴任。

### 天野 勝介（あまの・かつすけ）

弁護士。現在、弁護士法人北浜法律事務所パートナー。1976 年に京都大学法学部を卒業後、1978 年に弁護士登録（大阪弁護士会）し、現在に至る。
元大阪弁護士会副会長。

### 森本 宏（もりもと・ひろし）

弁護士。現在、弁護士法人北浜法律事務所代表社員。1985 年に早稲田大学法学部を卒業後、1987 年に弁護士登録（大阪弁護士会）し、現在に至る。
元大阪弁護士会副会長。

### 米倉 裕樹（よねくら・ひろき）

弁護士・税理士。現在、弁護士法人北浜法律事務所パートナー。1993 年に立命館大学法学部を卒業後、1999 年に弁護士登録（大阪弁護士会）。2006 年に Northwestern University School of Law を卒業し、2007 年に N Y 州弁護士登録。2010 年、税理士登録（近畿税理士会）し、現在に至る。

### 大石 歌織（おおいし・かおり）

弁護士。現在、弁護士法人北浜法律事務所パートナー。2000 年に大阪大学法学部を卒業後、2001 年に弁護士登録（大阪弁護士会）し、現在に至る。

### 大石 武宏（おおいし・たけひろ）

弁護士。現在、弁護士法人北浜法律事務所パートナー。2001 年に京都大学法学部を卒業後、2002 年に弁護士登録（大阪弁護士会）し、現在に至る。

### 藤原 誠（ふじわら・まこと）

弁護士。現在、弁護士法人北浜法律事務所パートナー。2004 年に京都大学法学部を卒業、2006 年に京都大学法科大学院を修了。2007 年に弁護士登録（大阪弁護士会）し、現在に至る。

### 冨本 晃司（とみもと・こうじ）

弁護士。現在、弁護士法人北浜法律事務所アソシエイト。2011 年に大阪大学法学部を卒業、2013 年に京都大学法科大学院を修了後、2014 に弁護士登録（大阪弁護士会）し、現在に至る。

### 磯野 賢士（いその・たかし）

弁護士。現在、弁護士法人北浜法律事務所アソシエイト。2012 年に立命館大学法学部を卒業、2014 年に神戸大学法科大学院を修了後、2015 年に弁護士登録（大阪弁護士会）し、現在に至る。

### 国本 麻依子（くにもと・まいこ）

弁護士。現在、弁護士法人北浜法律事務所アソシエイト。2016 年に関西学院大学法科大学院を修了後、2018 年に弁護士登録（大阪弁護士会）。

### 清水 勇希（しみず・ゆうき）

弁護士。現在、弁護士法人北浜法律事務所アソシエイト。2017 年に立命館大学法学部を卒業後、2018 年に弁護士登録（大阪弁護士会）。

新版 有利な心証を勝ち取る 民事訴訟遂行

2020年3月13日発行

編　者　　弁護士法人 北浜法律事務所 ©

発行者　　小泉　定裕

発行所　　株式会社 清文社

東京都千代田区内神田1-6-6（MIFビル）
〒101-0047　電話03(6273)7946　FAX03(3518)0299
大阪市北区天神橋2丁目北2-6（大和南森町ビル）
〒530-0041　電話06(6135)4050　FAX06(6135)4059
URL http://www.skattsei.co.jp/

印刷：大村印刷㈱

ISBN978-4-433-75010-7